기도로 시작해서 기적으로 끝난 산티아고의 순례길

벼랑 끝에 서 있는 나무는 외롭지 않다

벼랑 끝에 서 있는
나무는 외롭지 않다

지은이 장석규
펴낸이 원성삼
펴낸곳 예영커뮤니케이션
책임편집 김지혜

초판 1쇄 발행 2014년 6월 16일

출판신고 1992년 3월 31일 제2-1349호
136-825 서울시 성북구 성북로6가길 31
Tel (02)766-8931 Fax (02)766-8934

ISBN 978-89-8350-892-8 03230

저자와 출판사의 허락 없이 내용의 일부를 인용하거나
발췌하는 것을 금합니다.
저자와의 협의에 따라서 인지는 붙이지 않습니다.

잘못 만들어진 책은 구입처에서 교환해 드립니다.

정가 11,000원

www.jeyoung.com

이 도서의 국립중앙도서관 출판예정도서목록(CIP)은
서지정보유통지원시스템 홈페이지(http://seoji.nl.go.kr)와
국가자료공동목록시스템(http://www.nl.go.kr/kolisnet)에서 이용하실 수 있습니다.
(CIP제어번호 : CIP2014017294)

 모든 인간은 하나님의 형상을 닮은 존엄한 존재입니다. 전 세계의 모든 사람들은 인종, 민족, 피부색, 문화, 언어에 관계없이 존귀합니다. 예영커뮤니케이션은 이러한 정신에 근거해 모든 인간이 존귀한 삶을 사는 데 필요한 지식과 문화를 예수 그리스도의 사랑으로 보급함으로써 우리가 속한 사회에 기여하고자 합니다.

El Camino Prayer

기도로 시작해서 기적으로 끝난
산티아고의 순례길

벼랑 끝에
서 있는 나무는
외롭지 않다

장석규 묵상에세이

예영커뮤니케이션

Contents

나는 60살이 되면서 뭔가 의미 있는 일을 하고 싶었다. 어느 땐가부터 '산티아고 순례'가 마음 한 자락을 잡고 놓지 않았다. '버킷 리스트'에 오를 만큼 산티아고 순례는 많은 사람에게 이미 인기가 있다. 나는 다비드르 브르통의 『걷기 예찬』과 파울로 코엘료의 『순례자』를 읽었다. 걷기 순례에 대한 도전 의욕이 불타오르기 시작했다. 산티아고에 이르는 순례길 중에서도 프랑스 생장 피드포르에서 출발하는 가장 전통적인 길 800km가 매력적으로 내게 다가왔다. 구체적인 정보를 모으고, 산티아고 순례기를 구해 읽었다. 내 마음은 점점 더 세차게 산티아고를 향해 달려갔다.

산티아고? 성지 산티아고 순례, 산티아고 순례길 카미노, 전통적인 순례길 프랑스 길 800km, 나도 그곳에 가서 그동안 살아온 인생을 뒤돌아 보며 내려놓는 훈련을 하자. 지금까지 맛보지 못한 영혼의 자유를 만끽해 보자. 새로운 인생을 모색하기 위한 색다른 시도를 해 보자. 그럴수록 산티아고 행 카미노는 한껏 매력을 발산하며 내 앞에 펼쳐졌다. 가고 싶었다. 걷고 싶었다. 보고 싶었다.

하지만 무엇보다도 성치 않은 다리가 마음에 걸렸다. 몇 년 전 무릎 재

건 수술을 받은 뒤 걷기 운동은 거의 중단하고 있다. 그만큼 체력은 약해졌고 건강관리도 소홀해 혈액순환이 잘되지 않고, 몸 여기저기에서 문제가 나타나고 있었다. 이런 내가 산티아고 도보 순례를 하는 것은 아무래도 무리가 아닐까 하는 생각이 들자 주춤거릴 수밖에 없었다.

그 즈음 내 손자 시후는 뇌종양 수술을 다섯 번이나 받았다. 시후를 돌보고 있는 딸 또한 정신적이고 육체적인 고통을 감내하기 힘겨워 하고 있었다. 시후와 딸이 겪는 고통에 애타하면서도 막상 내가 할 수 있는 일은 별로 없었다. 병원을 자주 찾아가서 시후와 놀아 주고 딸을 위로해 주는 일, 병원비를 보태 주는 일, 딸이나 아내가 병원과 집을 오갈 때 시간을 내서 차를 운전해 주는 일 밖엔. 그런 일은 시후의 병을 낫도록 하고 정상으로 회복시키는 데 아무런 도움이 되지 않았다.

이제 시후의 병은 진찰하고 수술하는 의사 또는 인간의 영역을 넘어서고 있다. 생명을 창조하고 주관하는 하나님께 시후와 딸을 위해 기도하는 것이야말로 내가 할 수 있는 유일한 일이라는 생각이 들었다.

"걷기기도라는 것도 있잖아. 그래, 가자. 걸으면서 기도하자. 한 걸음 한 걸음 옮기면서 기도하자. 마음을 단단히 먹으면 못할 게 없어."
이렇게 해서 나는 산티아고 순례길 카미노 기도의 걸음을 내딛게 되었다. 어느새 나는 산티아고에 서서 감격의 눈물을 흘리며 주기도송을 부르고 있었다.

카미노를 걷는 내내 그 얼마나 부르짖었던가. 부르짖음은 울부짖음이었다. 내가 울부짖을 때마다 하나님은 "염려하지 마라. 내가 책임져 주겠다."고 속삭이셨다. 산티아고까지 800km를 걷고 나서는 "시후와 딸이 당하는 고난의 끝을 보여 주십시오." 하는 마음으로 땅끝마을이라는 피니스테라까지 90km를 더 걸어 모두 890km를 걷고 귀국했다. 시후는 점차 좋아지고 있었다. 흐려졌던 기억력도 서서히 회복되고, 감정 표현도 살아나고, 둔했던 움직임이 조금씩 가벼워지는 것을 보면서 나는 카미노 기도의 효력이라 믿었다.

그런데 그게 아니었다. 어느 날, 시후는 작별 인사조차 나눌 틈도 없이 우리들 곁을 훌쩍 떠나갔다. 내 카미노 기도에 대한 하나님의 응답 "내가 책임져 주겠다."는 뜻은 "너희들이 시후를 더 이상 감당할 수 없으니 내가 데려가겠다."였던가.

지금 내 가슴은 뻥 뚫려 있다. 시도 때도 없이 시리고 아프다. 요즘 들어 차가운 바람이 불어대니 상처가 좀처럼 아물지 않는다. 폭탄이라도 맞으면 이렇게 될까? 내 나이 60을 맞으며 겨우 해낸 '산티아고 순례길 카미노 기도'가 모두 땅에 떨어지고 만 것 같다.

나는 광야의 아픔과 아름다움을 동시에 바라볼 수 있게 되었다. 이상과 현실 사이에서 헤매는 우리네 인생을 덤덤히 받아들일 수 있는 지혜라는 게 어떤 건지도 조금은 알게 되었다.

이 카미노 일기를 늦게나마 하늘나라에 있는 시후에게 내 사랑의 마음을 담아 전해 주고 싶다. 그리고 지금도 이 세상에서 뇌종양으로 생명을 위협받는 또 다른 시후들과 그들을 가슴 졸이며 돌보고 있는 가족들을 위한 기도로 올리고 싶다.

벼랑 끝에 서 있는
나무는 외롭지 않다

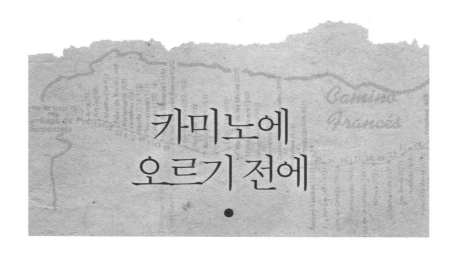

카미노에
오르기 전에

산티아고 순례길에 나서야 한다

2013년 8월 6일(화)

내가 산티아고 순례길을 가겠다고 마음먹고 준비해 온지도 꽤 여러 날이 지났다. 그동안 몇 가지 물품과 장비를 준비하는 한편, 틈을 내어서 걷기 훈련도 하고 있다. 어제 저녁 때도 22km를 걸었다.

장마가 끝났다고 하는데도 비는 오락가락한다. 우의를 입었다 벗기를 몇 차례 반복하다가 약간씩 내리는 비를 맞으면서 걷는다. 양말을 두 켤레나 신은 데다 신발 끈을 너무 조여서 그런지 발가락이 아프다. 발에 피가 잘 통하지 않는 것 같다. 다시 느슨하게 풀어 놓는다. 이번엔 발이 미

벼랑 끝에 서 있는
나무는 외롭지 않다

끄러지는 느낌이 와서 불안하다. 다시 조금 조여 맨다. 20km쯤 걸을 때엔 허리 통증까지 온다. 허리 근육이 놀랐는가 보다.

5시간이 지나 집에 도착해서 샤워를 마치고 보니 역시 양쪽 발목에 발진 현상이 두드러졌다. 근래 들어 갑자기 많이 걷는 데서 오는 부작용 같다. 아직 이 정도 밖에 안 걸었는데, 하루 25~30km씩 매일 한 달 넘게 걷는다는 산티아고 행 카미노가 가능할 것인가 의구심도 들고 내가 감당해 낼 수 있을까 하는 불안도 없지 않다. 하지만 나는 이미 산티아고 순례를 결정했고, 비행기표와 기차표를 예매하고 숙박도 예약해 놓았다. 나는 이제 가야한다. 꼭 가야만 한다. 비행기표와 기차표를 받아 놓아서만은 아니다.

산티아고 순례길을 걷고자 하는 이들의 취지와 동기, 목적은 다양하다. 자신의 새로운 발견과 내면의 단련을 위해서, 새로운 앞날을 설계하기 위해서, 아름다운 자연세계의 접촉을 통한 또 다른 자아의 발견을 위해서, 여행 목적이나 레저 스포츠 차원에서 아니면 육체와 영혼의 완벽한 자유를 맛보기 위해서, 무엇을 얻고자 함이 아니라 자기가 가진 것들을 내려놓기 위해서…….

하지만 이러한 목적과 동기들은 지금의 내게는 사치일 수밖에 없다. 내 곁에는 뇌종양으로 말로 할 수 없는 고생을 하고 있을 뿐만 아니라 앞으로도 예측할 수 없는 고통과 고난을 감내해야 할 외손자 시후와 그 곁에서 애태우며 돌보고 있는 딸이 있다. 내가 산티아고 순례길 카미노를 걷고자 하는 것은 이제는 인간의 손으로는 어찌할 수 없는 시후와 그 어미인 딸을 생명을 주관하는 절대자에게 맡기려는 몸부림이다.

광야로 나서는 마음

8월 19일(월)

지난 토요일 아침, 마을 길을 걷다가 개에게 물렸다. 어느 집 앞을 지나는데 개가 사납게 짖어 댔다. 그냥 지나치려 하는데 갑자기 내게 달려들더니 왼쪽 장딴지를 무는 것이었다. 곧 바로 내려와 동네 의원에 들러서 소독을 하고 항생제 주사를 맞는 등 응급조치를 했지만, 마음이 찝찝하기는 마찬가지다. 산티아고 카미노 경험담에 보니 마을 길을 지날 때 가끔 개들 때문에 놀란다는 얘기가 있던데 예행연습치고는 매우 험한 꼴을 당하고 말았다.

나의 산티아고 행도 광야로 나가는 것이다. 나는 산티아고에 이르는 순례길이 결코 순탄하리라고 생각하지 않는다. '장애 6급', '공상 7급'이라는 온전치 않은 다리를 갖고 800km나 되는 거리를 걷는다는 것은, 어쩌면 무리를 넘어 불가능한지도 모른다. 단독 해외여행 경험도 없다. 이런저런 상황을 극복하는 데 필수 요소인 언어는 심각한 수준이다. 엊그제 개에 물렸듯이 사십여 일 순례 기간 동안 무슨 일을 당할지 모른다는 불안감 또한 떨쳐 버릴 수 없다. 그러나 이러한 문제들은 내가 산티아고 순례길을 나서는 데 걸림돌이 될 수는 없다. 나는 이미 정신무장이 되어 있을 뿐만 아니라 800km를 걷는 모든 여정을 뇌종양으로 고생하는 시후를 위해서 기도하고 간구하는 기회로 삼고자 하는 절실함이 있지 않은가.

광야로 나가라는 하나님의 소리가 내 귓전에 울린다. 광야는 축복이라고 하였다. 나는 이미 축복의 '산티아고 행 카미노' 라는 광야에 올라 있다.

카미노 행 짐을 꾸리다

9월 5일(목) · 맑은 후 흐림

출발 하루 전이다. 오후 늦은 시간, 그동안 준비해 왔던 물품들을 거실 마루에 모두 늘어놓았다. 배낭은 대략 6kg 정도로 꾸리기로 했다. 걷기 전문가들에 따르면 자신의 몸무게 10분의 1이 적당한 배낭 무게라고 한다. 이것저것 다 빼고 새털같이 가볍게 가겠다고 마음을 먹었지만, 막상 짐을 꾸리려고 하니 그게 아니다. 갈아입을 옷가지나 양말도 넉넉히 가져가고, 젖은 옷이나 신발을 말리려면 소형 드라이기도 필요할 것 같다. 10월에는 날씨가 추워질 텐데 두터운 외투도 있어야 하겠다. 옷방에 들락날락하는데 아내는 남편 몸 생각한다고 검정콩과 아몬드, 멸치를 볶아서 비닐봉지에 담아 놓고 안 가져가겠다고 하면 불호령이라도 할 태세로 바라보고 있다. 배낭은 작은데 짐은 불어날 게 불을 보듯 뻔하다. 미리 작성해 놓은 준비물 목록을 보면서 하나하나 빠진 게 없나 확인한다는 게 오히려 짐을 추가하는 결과를 가져온 것 같다.

그동안 살면서도 얼마나 많은 물건들을 버리지 못하고 지내 왔는지, 한 번도 사용하지 않고 구석구석에 처박아 놓은 물건들이 부지기 수인 데다 옷장에는 수년째 입어보지도 꺼내보지도 않은 옷가지들이 수북하다. 집

벼랑 끝에 서 있는
나무는 외롭지 않다

출발 전 거실에 차려 놓은 준비물들

이 사람처럼 무게를 느낀다면 "어이구, 너무 무거워요. 이젠 더 이상 버티지 못하겠어요. 제발 버릴 건 버리면 안 되나요?" 하고 소리칠 것 같다. 그렇다. 이런 나의 습성이 배낭을 꾸리는 데도 그대로 나타나고 있다.

"내가 산티아고 카미노 순례를 간다는 건 즐기려고 가는 것이 아니지 않은가. 지금은 더하기가 아니라 빼기를 해야 할 때다. 800km나 되는 먼 길을 걸으려고 하는데, 그것도 성치 않은 다리로 완주하려면 배낭 무게가 관건이다. 줄이자. 빼내자. 다소 어려움을 겪을 각오를 하고 포기할 건

포기하자."

외투도 옆으로 돌려놓았다. 바지 한 벌, 양말 한 켤레, 드라이기도 빼냈다. 대신 걷다가 힘들면 깔고 앉거나 누울 수 있는 방수용 돗자리와 아내가 챙겨 준 견과류 봉지를 넣었다. 침낭, 우의, 돗자리, 슬리퍼를 맨 밑에 넣고 다른 짐들을 차곡차곡 쌓아가며 꾸리고, 상비약들과 메모장, 필기구를 작은 주머니에 챙겨 넣었다. 배낭이 워낙 작은 탓인지 짐을 줄인다고 했는데도 밥을 많이 먹은 아이 배처럼 불룩한 모습이 우습다. 저울에 달아보니 6kg, 일단 배낭 무게를 맞추는 데는 성공한 셈이다. "그래. 부족하면 부족한 대로 지내고, 정 필요하면 현지에서 구해 보는 거야."

카미노 출발지 생장 피드포르를 향한 걸음

9월 8일(일) · 맑음

오전 8시에 프랑스 파리의 한인 민박집을 나섰다. 테제베 열차를 타려고 몽파르나스 역으로 걸어가는데 어디선가 차임벨 소리가 들린다. 파리 시내 한복판에서 웬 차임벨? 귀가 의심스러웠다. 교회의 종소리나 차임벨 소리가 사라진 지 오래된 한국에서는 생각할 수도 없는 얘기다. 아차,

오늘이 주일이지, 꽤 가깝게 들려오는 소리의 방향을 잡아 발걸음을 옮긴다. 그리 멀지 않은 곳에 교회가 보인다. 찾기 어렵다는 민박집 여주인장의 말과는 달리 우연찮게 교회를 만나다니, 이것도 내 앞길을 인도하는 주님의 세심한 섭리란 생각이 든다. 교회는 작고 아담했다. 예배 준비를 위해선지 여러 사람들이 바쁘게 움직이고 있다. 교회 안으로 들어가 맨 앞자리에 자리 잡고 앉아 두 손을 모았다.

"주님, 교회를 만나도록 해 주셔서 감사합니다. 부족한 종을 인도해 주시는 줄 믿습니다. 나아갈 순례길도 잘 인도해 주시리라는 믿음이 생깁니다."

짧은 시간 이지만 교회에서 기도를 드리고 나니 한결 마음이 가벼웠다.

몽파르나스 역에 도착해 잠시 여유 시간을 내어 옥상에 조성된 정원에 올라가 보았다. 축구장 두세 개 크기만 한 곳에 인공 숲을 조성해 여기저기로 길을 내 놓았다. 산책로엔 개와 함께 산책하는 가족들, 조깅을 하는 사람들이 보인다. 비록 인공 숲이긴 하지만 그 안에서 여유로움을 즐기는 프랑스 사람들의 일상을 보면서 백화점이나 대형 상가가 즐비한 서울역이나 용산역과 같은 큰 역들이 겹쳐졌다.

바욘행 테제베 열차는 10시 28분 정시에 출발했다. 마침 옆자리는 빈 채로 간다. 모스크바행, 파리행 비행기 안에서도 옆자리가 비어서 약간의 여유를 누리며 왔는데, 이것도 하나의 행운이다.

바욘 역에는 오후 3시 32분 정시에 도착했다. 이제부터는 순례길을 시작하는 생장 피드포르로 가는 차편을 구해야 한다. 어떤 이들은 생장 피드포르로 가는 표를 미리 예약해서 가는가 하면, 버스를 타기도 하고, 택시를 타고 가기도 한다. 나는 현지에서 형편에 따르기로 하고 이곳 바욘까지 왔다. 역 창구에서 표를 사면서 알아보니 생장 피드포르까지 가는 기차나 오토 버스가 21시 20분에 있다고 한다. 무려 5시간이나 기다려야 한다. 표를 물리고 다른 사람들과 어울려 택시를 타고 갈까 하는 생각도 들었지만, 1인당 40유로나 내야 한다고 한다.

기다리는 동안 무엇을 하면서 지내지? 버스를 타고 다니면서 바욘 시내 구경이나 해 볼까? 언제 여기에 와 볼 기회가 있을지 모르는데 시내를 돌아보는 게 어떨까. 아니다. 순례길 첫날 해발 1,450m나 되는 피레네 산맥을 넘어야 한다는데, 내일을 위해서 힘을 아끼는 것도 지혜다. 어차피 내가 그냥 여행을 하겠다고 온 것도 아니니 차분히 앉아서 머리를 비워두는 것도 좋으리라. 조용히 명상하며 영성을 키워가는 훈련을 하는 것이 내가 애당초 생각한 순례 목적과 이유에 부합한 것이 되리라. 오토 버

스를 타고 밤 10시 20분이나 되어서 생장 피드포르에 도착하였다.

　버스를 함께 탔던 사람들과 무리지어 순례자 관리사무실을 찾았지만 'Closed' 팻말이 걸려 있다. 내가 듣기에는 순례자 사무실에서는 생장 피드포르에 오는 기차나 버스 시간에 맞춰서 사무실을 열어 놓고 순례자들의 등록을 도와주고 알베르게도 안내해 준다고 했는데 그게 아니었다. 당장 숙소를 찾아야 하는데다가 이렇게 되면 내일 출발도 그만큼 늦출 수밖에 없게 되어 아쉽기만 하다. 이럴 줄 알았으면 다른 이들과 같이 택시라도 타고 좀 일찍 왔을 텐데 하는 생각도 들지만, 이미 엎질러진 물이다.

한밤중에 차에서 내려 어디가 어딘지 분간도 안 되는데 늦은 시간 이곳저곳을 돌아다니며 묵을 수 있는 숙소를 찾아낸다는 게 쉽지 않았다. 같은 처지에 있는 사람들 십여 명과 함께 다니며 수소문한 끝에 한 사설 순례자 전용 숙소인 알베르게를 찾아들 수 있었다. 나이가 지긋한 관리인이 동행한 사람들을 두 개의 방으로 배정해 줬다. 방으로 들어가 둘러보니 2층 침대가 6개, 1인용 침대가 1개 놓여 있다. 좋은 자리는 이미 먼저 들어간 사람들이 차지하고 있었다. 나는 구석진 곳에 놓인 침대 2층에 자리를 잡았다. 오래된 집이라 걸을 때마다 마루에서 삐걱삐걱 소리가 나고 울림이 심했다. 느지막이 도착해 이미 잠을 자고 있는 사람들에게 미안한 마음이 들지만 어쩔 수 없다. 2층 침대에 오르니 삐거덕 소리가 난다. 신경이 쓰였다. 1층에서 자고 있는 사람의 몸이 큰 건지, 침대가 부실해서 그런지 1층 사람이 움직일 때마다 크게 흔들린다. 마치 배에 타고 있는 것 같은 기분이다. 오늘 잠을 편히 잘 수 있을까? 이런 상황을 뒤로 하고 배낭을 풀어 깊이 넣어 두었던 침낭을 꺼내 덮고 잠을 청하니 시간은 벌써 자정에 가깝다.

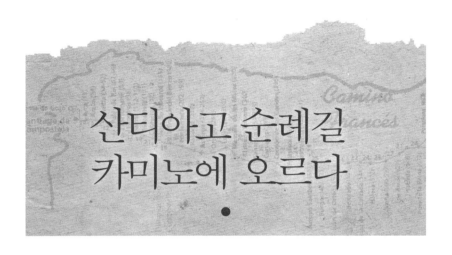

산티아고 순례길 카미노에 오르다

하나님이 보내준 사랑의 메시지

9월 9일(월) · 1일차 _ 쾌청

카미노 순례 첫날이다. 잠이 깨어 다른 이들을 보니 잘 자고 있다. 다시 잠을 청해보지만 곧 시작될 카미노 걷기에 대한 설렘과 긴장이 겹쳐져서 잠이 오지 않는다. 혼자서 묵상 기도를 드렸다.

"주님, 오늘부터 본격적인 카미노 순례길에 오릅니다. 함께 해 주시고 인도해 주소서. 나를 불쌍히 여기셔서 가나안 여인이 겸손히 자기 딸의 귀신들림을 예수님께 호소해 고침을 받을 수 있었듯이, 나 또

한 한 걸음 한 걸음 옮길 때 딸과 손자 시후의 병이 낫는 역사가 이루어지게 하소서."

6시가 되자 한두 사람이 자리에서 일어나 짐을 꾸리기 시작한다. 나도 용기를 내어 조심조심 풀어 놓았던 짐을 대충 싸가지고 밖으로 나왔다. 식당엔 아침 식사가 준비되어 있었다. 식탁에는 바게트 빵과 잼, 버터, 커피와 우유 등이 차려져 있다. 먼저 커피를 따라 마셔 보니 맛과 향이 깊은 게 마음에 든다. 뒷맛이 깔끔하다. 바게트 빵에다 잼과 버터를 발라 먹으니 맛은 괜찮았지만, 이걸 먹고 어떻게 피레네 산맥을 넘지 하는 생각도 든다. 벌써 아내가 해주는 밥과 된장찌개, 김치 생각이 간절하다.

7시쯤에 알베르게를 나서서 순례자 등록 사무소를 향한다. 골목길은 깨끗하고 고색창연한 분위기이다. 타임머신을 타고 중세시대로 온 것 같은 기분도 든다. 10여 분을 기다리니 사무소 문이 열린다. 등록 용지를 받아 필요한 내용을 작성하는데 연세가 꽤나 들어 보이는 등록 담당 노인이 한국에서 왔느냐고 묻더니 곧 바로 '크레덴시알(Credencial del Peregrino)'이라는 순례자 여권을 발급해 주면서 첫 번째 스탬프를 힘차게 찍어준다.

8시 정각에 순례의 발걸음을 내디뎠다. 오늘은 생장 피드포르에서 스

벼랑 끝에 서 있는
나무는 외롭지 않다

페인 론세스바예스까지 27.1km를 걸어야 한다. 첫날 치고는 좀 먼 거리 인데다가 피레네 산맥을 넘어야 하는 어려운 코스이다. 연습할 때 23km 거리를 두 번 걸어봤을 뿐이어서 어느 정도 걱정이 없잖아 있지만, 한편 으론 은근히 자신감도 생긴다.

서울 옥수동에서 온 부부와 함께 기념사진을 찍고 걷기 시작했다. 그 들은 머리까지 올라오는 배낭을 메고 있다. 1시간 가량 지났을까. 부부는 짐이 무거운지 내게 먼저 가라고 한다. 천천히 오라며 인사를 하고 혼자 서 산길을 오르면서 가끔 걸어온 길을 되돌아보니 멀리 내려다보이는 경 관이 장관이다. 지나온 길이 구불구불하다. 하루 묵었던 생장 피드포르 는 안개에 가려 잘 보이지 않는다. 점점 속세를 벗어나는 느낌이 든다.

산길을 오를수록 더욱 멋진 경관이 펼쳐져 발길을 늦춘다. 앞뒤에서 여 럿이서 몰려다니는 초보 순례자들의 소리가 떠들썩하다. 조용히 걷고 싶 은 마음에 그들과 거리를 둬 보지만, 뒤를 따라오는 또 다른 사람들의 시 끌벅적한 소리 역시 만만치 않다. 한참을 그래 보지만 내 발걸음만 느려 질 뿐이다. 부부끼리 또는 친구들과 함께 즐겁게 이야기를 하면서 걷는데 내가 싫다고 해서 어쩔 도리가 있는 것도 아니다. 일단은 그들을 이해하 는 마음을 갖는 것이 필요하다. 그렇게 마음을 먹으니 집에 두고 온 아내 에게 미안한 마음도 생긴다. "당신 체력으로는 카미노를 걷는 게 무리일

거야. 더욱이 순례길은 혼자서 걸어야 된대." 하고 아예 함께 올 생각조차 없었으니 말이다.

피레네 산맥을 오르는 중간에 발가락이 아팠다. 배낭을 내려놓고 앉아서 양말을 벗어보니 왼발 네 번째 발가락에 꽤 큰 물집이 잡혀 있었다. 바늘로 찔러서 물을 뺀 뒤 상처에 바르는 연고를 바르고 반창고를 붙였다. 다행히 별다른 통증이 느껴지지 않았다.

산을 오를수록 멋진 경치가 펼쳐진다. 양들이 떼를 지어서 한가롭게 풀을 뜯는 광경을 보니 내 마음도 여유로워진다. 하늘에는 하얀 구름이 뭉게뭉게 피어오르더니 이내 거꾸로 선 하트 모양을 이룬다. "아 저건 하나님이 내게 보내주시는 사랑의 신호 아닌가. 하나님이 내 순례길을 인도해주시겠다는 메시지로구나." 하는 믿음이 들면서 반가웠다.

걷기 시작한 지 5시간 만에 프랑스를 벗어나 스페인 땅에 들어섰다. 마침내 해발 1,450m 콜 데 레페데르(Col de Lepoeder) 봉에 이르자 저 아래 오늘의 목적지 론세스바예스 대성당이 보인다. 그 너머 멀리 내일 지나게 될 부르게테 마을이 시야에 들어온다. 마을의 붉은색 기와집들과 푸른 산이 서로 조화를 이뤄 아름답다. 이제부터는 내리막길이다. 경사가 꽤 있는데다가 돌이 많아 조심스럽다. 4km를 더 걸으니 론세스바예스

벼랑 끝에 서 있는
나무는 외롭지 않다

피레네 산맥에서 만난 하트 구름

(Roncesvalles) 대성당이 나왔다. 이미 많은 사람이 도착해서 쉬고 있었고, 뒷마당엔 순례자들이 널어놓은 형형색색의 빨래들이 햇빛을 받으며 펄럭이고 있다. 대성당 사무실로 가서 순례자 전용 숙소인 알베르게를 신청하고 침대를 배정받았다. 100여 평이 됨직한 곳에 수십 개의 2층 철제 침대가 놓여 있다. 번호를 찾아 자리를 잡은 뒤 간단히 몸을 씻고 빨래를 널고 나니 어깨가 쑤시고 피로가 몰려온다. 그래도 이역만리 낯선 곳에 와서 한국 돈 9,000원(6유로) 밖에 안 되는 돈으로 하룻밤을 쉴 수 있다는 게 고맙기 그지없다.

누가 시킨 일도 아닌데

9월 10일(화) · 2일차 _ 비온 후 갬

6시, 불이 켜졌다. 순례자들은 기다렸다는 듯 잠자리에서 일어나 짐을 싸기 시작한다. 이제 겨우 이틀째인데 마치 군대에서 하듯 동시적이라는 게 신기하다. 누가 시켜서 하는 것도 아니고, 감독이 있는 것도 아니다. 나 역시 주섬주섬 짐을 꾸린다. 어제 저녁에 부슬비가 내리던데 우의를 맨 위에 두어야겠지? 밖을 내다보니 흐리기만 할 뿐 다행히 비는 오지 않는다.

벼랑 끝에 서 있는
나무는 외롭지 않다

6시 40분, 세면도 생략한 채 배낭을 메고 나선다. 아직 어둡다. 먼저 나선 이들이 숲길로 들어서자 램프를 비춘다. 뒤따라 가는 내게는 오히려 시야가 방해된다. 나도 헤드램프를 켤까 생각하다가 여명 그대로를 느끼고 싶어 약간의 거리를 두고 그냥 걷는다. 자연의 빛이 마음을 평화롭게 해 준다.

오늘은 어떤 길이 내 앞에 펼쳐질까? 어떤 광경이 연출될까? 나는 어떤 느낌을 받고, 그 위에 나는 어떤 존재로 서게 될까? 오늘 걷는 길은 해발 950m 정도 되는 론세스바예스에서부터 계속 내리막길이다. 대체로 완만하다. 가끔 큰길을 따라 걷기도 하지만 숲 새로 난 오솔길이 어지진다. 주님께로 나아가는 길, 천국으로 가는 길은 좁고 험하다고 했는데, 이런 숲속 좁은 길을 걸으며 영적인 분위기에 흠뻑 젖어보니 감흥이 또한 새롭다.

비가 온다. 순례자들은 저마다 배낭에 넣어 두었던 우의를 꺼내 뒤집어쓴다. 판초를 걸치니 순례자의 모습이 제대로 나오는 것 같다.

카미노 순례길, 저마다 지고 가는 배낭의 크기도 다르고 무게도 다르다. 어떤 이는 겉으로 봐도 머리 위까지 올라올 정도의 키 큰 배낭에 짐을 넣고서도 부족해선지 겉에다 이것저것 주렁주렁 매달고 다닌다. 또 어떤 이는 동네 뒷산에 가듯 작은 가방을 메고 가는가 하면 아예 빈 몸으로 다니는 이도 보인다. 인생도 그렇지 않을까? 자기가 짊어져야 할 짐이 클수록 버거운 경우가 많다. 어떤 이는 스스로 무거운 짐을 지기도 하고, 다른 이들의 짐을 대신 져 주는 사람도 있다. "수고하고 무거운 짐 진 자들아 다 내게로 오라 내가 쉬게 하리라." 하신 예수님은 저토록 무거운 짐을 지고 걷는 순례자들을 보고 뭐라고 하실까. 어떻게 하실까. "내가 네 짐을 대신해서 져 줄 테니 너는 그만 쉬어라!" 하실 지도 모르겠다.

나의 배낭 무게는 6~7kg밖에 안 되는데도 어깨가 여간 아픈 게 아니다. 어제 자기 전에 맨소래담으로 어깨를 마사지해 주고 오늘 아침에도 바르고 나왔다. 괜히 쓸데없는 물건까지 챙겨 넣을까봐 일부러 작은 배낭을 택했는데, 그래도 어깨를 짓누르는 무게감은 얕잡아 볼게 아니다. 어떤 이는 12kg, 또 다른 이는 15kg도 더 되는 배낭을 지고 다니는데 참 대단하다는 생각이 든다.

내 앞에 한 부부가 간다. 아마 60대 중반쯤 되어 보인다. 청바지를 입은 남자의 허리가 꼿꼿하다. 걷는 자세도 흐트러짐이 없다. 코르덴바지를 입은 부인도 비슷하다. 가끔 조용한 목소리로 대화를 나누는 그들이야말로 진정한 순례자답다. 한 여자가 오르막길을 오른다. 배낭은 크고 무거워 보인다. 그런데도 발걸음이 가볍다. 숨소리도 별로 들리지 않는다. 수비리(Zubiri)라는 동네가 내려다보이는 내리막길, 숲 속에서 갑자기 두

벼랑 끝에 서 있는
나무는 외롭지 않다

론세스바예스를 지나는 산길, 비를 맞고 걷는 순례자들

젊은 여자 순례자가 나온다. 볼일을 보고 나오는 거겠지 하면서 뒤따라 걷는데 두 사람 다 큰 배낭을 메었는데 스틱도 없다. 그 중에 한 사람은 한 걸음 한 걸음을 아주 힘겹게 내딛는다. 아마 발바닥에 물집이 심하게 잡혔거나 발뒤꿈치가 벗겨져서 그러겠지? 남의 일 같지 않다.

오후 3시 조금 넘어서 오늘의 목적지인 라라소아냐(Larrasoana) 공립 알베르게에 도착해 보니 바로 내 앞에서 마감되었단다. 여기엔 다른 알베르게가 없는 작은 마을이다. 어떻게 할까 고민 중인데 알베르게 관리인이 인근 펜션 주인과 통화하더니 그곳을 소개해 준다. 말이 펜션이지 반지하 좁은 방에 2층 침대를 3개씩이나 놓고 15유로씩이나 받는다. 아! 간발의 차이로 6유로인 알베르게에 못 들어간 게 못내 아쉽다. 그렇다고 해서 다른 곳으로 갈 수도 없다. 어느 작가가 카미노 순례기에 "카미노 걷기가 어떤 때는 마치 알베르게를 차지하기 위한 걷기대회 같다."고 쓴 글이 실감난다.

벼랑 끝에 서 있는
나무는 외롭지 않다

주님이 빛을 비추시면

9월 11일(수) · 3일차 _ 맑음

6시 40분쯤 알베르게를 나와 어둠을 헤치고 조가비와 노란 화살표를 찾아서 걷는다. 아르가 강(Rio Arga)을 따라 걷는 길이 한참 동안 이어진다. 7시가 넘었는데도 아직 미명인데다가 숲길이어선지 더 어두컴컴하다. "주님 인도하소서." 기도가 저절로 나온다. "먼동이 트네 먼동이 트네 주 하나님 지으신 세계 먼동이 트네 주님 향한 믿음으로 소망을 품네 주님 주신 믿음으로 평강을 얻네 먼동이 트네 먼동이 트네." 즉흥 노래를 흥얼거리며 발길을 내딛는다. 산에 오르면서 동녘 하늘을 보니 벌건 구름이 먹구름과 대조를 이룬다.

"주님이 먹구름에 빛을 비추시면 저토록 아름다운 조명이 되어 명작을 만드는군요. 주여, 내 사랑하는 딸과 손자 시후가 지금 저 먹구름 속에 있을지라도 주님이 빛을 비추시면 지금 앓고 있는 중병도 깨끗이 나을 줄 믿습니다. 온전히 회복되어 하나님 영광 드러낼 줄로 믿습니다."

아레(Arre)를 지나는데 뒤에서 어떤 여자 순례자가 가까이 오더니 배낭 주머니가 열려 있다며 잠궈 주려고 한다. 마침 빗방울이 떨어지는 걸 보고 비에 젖을까봐 걱정해 주는 것이었다. 내가 "노 프라블럼!(No Problem!)"하면서 고맙다고 하니 웃으며 지나간다. 카미노 순례길이 그래서 아름답다고 하는 것인가. 상대에게 •"올라(Hola)" 하고 인사를 건네면 "부엔 카미노(Buen Camino)" 또는 "그라시아스(Gracias)" 하고 답례를 하는 건 물론이요, 상대에게 어떤 작은 문제라도 있으면 도와주려는 친절이 몸에 밴 순례자들이다.

오전 11시 반이 지나 •팜플로나(Pamplona) 입구 막달레나 다리(Puente Magdalena)를 건너는데 빗방울이 떨어지기 시작한다. 잰걸음으로 대성당으로 난 언덕길을 오르는 사이 빗방울이 점점 굵어진다. 마침 길가에 알베르게가 보이지만 사설인 듯싶어 망설이다가 그냥 지나친다. 팜플로나 대성당을 구경하다보면 비가 그치겠지 싶어 성당으로 향했다. 일반 입장료가 5유로인데 순례자들에게는 3유로만 받는단다. 성당 안으로 들어가자마자 배낭을 벗어 놓고 맨 앞자리로 나가서 잠시 기도를 드리고

● 올라 _ Hola, 부엔 카미노 _ Buen Camino, 그라시아스 _ Gracias는 각각 영어의 Hello, Good Way, Thank you의 뜻을 가진 스페인 인사말로, 상대방과 눈을 맞추고 미소를 지으며 주고받는다.

● 팜플로나 : 인구 20만이 거주하는 대학 도시로서 일설에 의하면 로마 장군 폼파엘로 Pompaele가 기원전 1세기경에 세웠다고 한다.

벼랑 끝에 서 있는
나무는 외롭지 않다

성당을 둘러보았다. 성당의 엄청난 규모와 화려함에 주눅이 들 것 같았다.

성당 견학을 마치고 밖으로 나오니 비가 그쳤다. 아내와 아이들 소식이 궁금해 와이파이가 되는 카페를 찾아 들어가 커피를 마시며 카카오톡 연결을 시도했지만 결국 실패다. 아쉬운 마음으로 다음 목적지 시수르 메노르(Cizur Menor)로 향한다. 생각 같아서는 팜플로나에 더 머물면서 시내 구경도 하고 지나는 길에 있는 대학과 시민 공원도 들러보고 싶지만, 이미 값이 저렴한 알베르게를 놓친 경험이 있는 터라 발걸음을 재촉한다. 오후 1시 반쯤 성당에서 운영하는 알베르게에 도착하니 어제 같이 지냈던 광주에서 온 사촌 형제가 벌써 도착해 쉬고 있었다.

샤워를 하면서 모처럼 거울을 보았다. 얼굴이 말이 아니다. 집을 떠나온 지 5일이 지났을 뿐인데, 딱딱한 바게트에 질려 대충 먹는데다가 면도를 안 하고 지냈으니 그럴 수밖에 없겠지.

노란 화살표가 고맙다

9월 12일(목) · 4일차 _ 흐린 후 맑음

지난 밤 푸엔테 라 레이나(Puente La Leina)에서 머물렀다. 오늘은 19km를 걷는 것으로 그쳤다. 비교적 짧은 거리다. 알베르게를 나서는데 오른쪽 발뒤꿈치쪽 느낌이 좋지 않았다. 걷기 시작한 지 1시간쯤 지나니 물집이 잡히려는 듯했다. 더 이상 걸으면 상처가 커질 것 같았다. 곧바로 걸음을 멈추고 배낭에서 반창고를 꺼내 붙이자 걷기가 좀 편해졌다. 시수르 메노르를 벗어나면서 좌우엔 이미 수확이 끝난 밀밭이 이어지고, 여기저기 보이는 해바라기 꽃밭은 축제의 막바지임을 보여 줬다.

해발 790m 페르돈 봉(Alto del Perdon)에 이르는 오르막길 초입에서 걷던 길을 뒤돌아보니 해가 떠오르고 있었다. 페르돈 봉을 향하던 사람들에게 소리를 지르면서 손으로 해 뜨는 장면을 보라고 하니 모두 뒤돌아서 한참 동안 서서 바라보았다.

"주님! 어둠을 헤치고 빛나는 저 광명처럼 제 딸과 손자 시후에게도 치료의 광선을 비춰 주옵소서. 그 빛으로 온전히 치유되고 회복되게 역사하옵소서."

벼랑 끝에 서 있는
나무는 외롭지 않다

에스테야에서 로스 아크로스로 가는 산속 좁은 길. 나무에 그려져 있는 노란 화살표

　페르돈 봉에 이르는 좌우 능선과 저 멀리 보이는 산봉우리 곳곳마다 풍
력발전기가 줄지어 서 있고, 그 웅장한 자태가 폼을 잡듯 바람개비들을
힘차게 돌리고 있다. 스페인은 풍력발전 분야에서 앞서가는 나라라던데
과연 그럴 만도 하다. 문득 어린시절 바람개비를 만들어 온 동네를 뛰어
다니면서 놀던 때가 그리워진다.

페르돈 봉에서 내려서는 길 위 피할 수 없는 호박돌

저만치 길가 벤치에 앉아서 뭐가 그리 즐거운지 웃으며 얘기를 나누고 있는 두 여자 순례자가 보인다. 가까이 가서 물어보니 모녀란다. 아내와 딸도 저들처럼 이곳에 올 수 있는 날이 있을까. 아내는 체력이 약한데다가 10년 넘도록 난치병에 시달리고 있는 딸을 돕고 있다. 더욱이 딸은 뇌종양 때문에 온갖 고생을 하고 있는 시후 곁을 한시도 떠날 수 없다. 그러

벼랑 끝에 서 있는
나무는 외롭지 않다

니 아내와 딸이 이 길을 함께 걷는다는 건 순전히 내 욕심일지도 모른다. 그래도 주님의 도우심만 있다면 그 소망은 이루어질 수 있으리라.

"주여. 저를 불쌍히 여기소서. 아내가 강건해지고, 딸의 병도 낫게 하
  시며, 손자 시후의 뇌종양을 온전히 치료하여 주옵소서."

페르돈 봉을 지나니 내리막 경사에 호박돌들이 그대로 드러나 있다. 자칫 잘못하면 돌에 미끄러져 부상을 당하기 십상이다. "산길에 웬 돌이 이렇게 많지?" 하면서 주위를 둘러보니 온통 돌밭이다. 높은 산에 있는 돌인데도 강가에 있는 돌들처럼 동글동글하다. 걷기에는 참 힘든 길이다. 이 길을 걷는 한, 돌들을 피하려 한다 해도 온전히 피할 수는 없겠다. 주변 경치 구경은 잠시 접어두고 발 디딜 곳을 일일이 확인하고 한 걸음 한 걸음 천천히 옮겼다. 최대한 돌을 피해서 발을 내밀되 어떤 경우는 돌을 피하기보다는 직접 돌을 밟으니 오히려 더 안전하고, 지압 효과도 있어 발바닥이 개운한 걸 느낄 수 있었다.

1시간 넘게 그런 돌길을 내려오니 이제부터는 강한 햇볕이 내리쬐는 벌판이다. 어쩌다 나타난 나무 그늘에 벤치가 하나 놓여 있었다. 한 폭의 그림같다. 여간 반가운 게 아니다. 엘리야 선지가가 쉰 로뎀나무 그늘이 저랬을까?

오후 1시 반쯤 목적지인 푸엔테 라 레이나(Puente la Reina)에 들어섰다. 여기서 그냥 묵기엔 시간이 아깝다는 생각이 든다. 약 7km를 더 가면 알베르게가 있는 마을에 도착할 수 있다는 것에 망설여진다. 그러나 더 가기에는 오른쪽 발뒤꿈치가 심상치 않다. 푸엔테 라 레이나 입구에 있는 알베르게 숙박 요금을 알아보니 10유로나 한다. 비싸다. 더 가보기로 했다. 이내 성당이 보이고 알베르게가 눈에 들어온다. 신부회가 운영하는 수도원 호스텔 알베르게로 숙박 요금은 5유로이다. 최근에 개보수를 한 건지 시설이 깨끗하다. 샤워장, 세면장, 화장실 등이 여러 개여서 동시 이용이 가능하다. 그동안 머물렀던 데 비해 한결 깨끗하고 여유롭다.

짐을 풀고 나서 샤워하고 빨래하는 일은 이제 일상이 되었다. 빨래를 널고 나니 마음이 한결 가볍다. 성당에 가서 기도를 드리고 뒤뜰로 돌아와 햇볕을 등지고 앉아서 일기장을 펼쳤다. 오늘 걸은 길이 눈에 선하다. 갈래길을 만날 때마다 조가비 그림과 노란 화살표만 제대로 찾으면 길을 잃을 염려는 없다. 지도 없이도 목적지를 얼마든지 찾아갈 수 있는 길이 카미노다. 새삼 노란 화살표가 고맙다. 누가 노란 화살표를 그려 놓기 시작했을까? 그에게도 고맙다는 생각이 든다.

호박돌 길을 걷는 요령

호박돌 길, 걷기에 참 좋지 않다. 여차하면 발목을 접질리는 부상을 입을 수 있다. 미끄러져 넘어지거나 자빠져 얼굴이나 머리를 다칠 수도 있다. 만약 카미노에서 조금이라도 다치게 되면 내내 괴로움을 참아내거나 걷는 것을 다음 기회로 미룰 수밖에 없을 것이다. 특히 내리막길에서 호박돌 길을 만났을 때 어떻게 하면 다치지 않고 걸을 수 있을까. 나는 처음에는 호박돌을 피하려고만 했다. 그러나 크고 작은 호박돌이 너무 많아서 다 피하기는 불가능했다. 발목이 아프고 무릎이 시큰거렸다. 그리고 쉽게 지쳤다. 그러나 걸을수록 요령이 생겼다. 피할 건 피하면서도 때론 호박돌을 직접 밟기로 했다. 오히려 안전했다. 발 지압 효과까지 있어 피곤한 발이 시원해지는 걸 느낄 수 있었다. 그런데 그것도 굴러다니는 돌을 밟으면 위험하다. 가급적이면 박혀 있는 돌을 밟아야 한다.

갈 길은 멀고 험한데

9월 13일(금) · 5일차 _ 흐린 후 맑음

오늘 걷는 코스는 중세부터 천 년을 이어온 카미노 중에서도 옛 모습이 거의 보존된 길이라고 한다. 역사의 숨결을 그대로 느껴보고 싶었다. 그런데 길이 왜 이리 팍팍하단 말인가. 유난히 힘이 들었다. 밤새 잠을 제대로 자지 못한데다가 오른발 뒤꿈치가 아무래도 심상치 않다. 출발 전에 반창고를 붙였는데도 발을 내딛기가 어렵다. 호박돌들은 왜 그리 많은지······. 그늘도 거의 없다.

카카오톡을 통해서 시후가 병원 응급실에 가 있다는 소식을 듣고 나니 더욱 마음의 갈피를 잡을 수 없었다. 시후가 중심을 잃고 자꾸만 쓰러져서 응급실에 가서 CT를 찍고 결과를 기다리고 있다는 얘기를 들으니 한 걸음 한 걸음 내딛는 게 괴롭기만 했다. 다행히 뇌에 이상이 있는 것 같지는 않고 전해질 수치가 너무 높아 그런 것 같다는 얘길 듣고서야 안심도 했지만 몸도 마음도 무겁기 그지없는 날이었다.

"주님. 내 딸과 시후에게 이토록 시련을 주시는 이유는 무엇입니까?
고통의 끝은 과연 있는 겁니까? 그 끝은 언제나 오는 겁니까? 주여,

저를 불쌍히 여기소서. 아무리 부르짖어도, 눈물로 호소해도 소용없는 겁니까? 아직도 저희들이 갈 길은 멀고 험합니다. 부디 주님께서 인도하시고 지켜 주옵소서."

오후 1시 반쯤 에스테야(Estella)에 도착했다. 22km를 걸었다. 거의 쉬지도 않은 채 단숨에 내달리듯 발걸음을 재촉했다. 오른발 뒤꿈치가 아파서 제대로 내딛을 수 없는데도 병원에 있다는 시후 소식을 조금이라도 빨리 알아보고 싶은 마음에서였다. 알베르게에 짐을 내리자마자 와이파이를 검색해서 카카오톡부터 확인했다. 시후는 전해질 수치가 지나치게 높고 신장 수치도 높아서, 중환자실에 입원을 했다고 한다. 신장 수치는 또 뭐지? 산 넘어 산이다. 피곤이 한꺼번에 몰려왔다. 오늘은 걸으면서 시후와 딸 생각에 눈물이 그치질 않았다. 마을을 지날 때마다 성당에 들러 잠시라도 기도를 드리고, 걸음을 옮길 때마다 부르짖었다. 부르짖음은 곧 울부짖음이었다.

"주여. 나를 불쌍히 여기소서." 귀신 들린 딸을 고치기 위해 예수님께 부르짖던 가나안 여인의 목소리가 들리는 것 같다. 개처럼 무시당하면서도 참아냈던 여인의 모습이 눈에 선하다. 지금 내가 그 모습일까. 집을 나선지 일주일인데 면도를 전혀 하지 않아서 몰골이 말이 아니다. 하지만 예수님께 부르짖고 갖은 모욕을 이겨내서 딸의 병을 고쳤던 가나안 여인처럼, 딸과 손자 시후의 병이 나을 수만 있다면 나 역시 어떤 고통과 고난이라도 감당할 것이다. 이토록 간절한 내 마음을 주님은 과연 아실까.

저 모퉁이를 돌면 끝이 나올까

9월 14일(토) · 6일차 _ 맑음

날씨는 쾌청했고, 길도 좋았다. 7시쯤 알베르게를 나서 에스테야를 벗어날 즈음 앞서 가던 사람들이 큰 사거리에서 우왕좌왕 하는 모습이 보였다. 조가비나 노란 화살표가 내내 잘 이어지더니 정작 사거리에서 잘 보이지 않다니……. 한참을 왔다갔다 하더니 이내 방향을 잡는다. 나도 그들을 따라 본격적으로 걷기 시작했다. 시내를 벗어날 무렵 오른쪽에 있던 한 가정집 대문이 눈길을 끈다. 철제 대문에 여러 가지 십자가 문양으로 장식을 하고 그 위에 녹색 줄기를 띄워 놓았다. 보기에 좋다.

얼마나 더 걸었을까? 말로만 듣던 '와인의 샘'이 철창 대문 안에 보인다. 먼저 가던 순례자들이 신기한 듯 들여다보고 기념사진을 찍는다. 이라체 (Irache) 수도원에서 운영하는 와인 양조장에서 순례자들에게 제공하

에스테야 시내, 눈길을 끄는 종교적 색채 짙은 어느 집 대문

는 것이라는데, 꼭지를 튼 뒤 12분이 지나야 와인이 나온단다. 그림의 떡
이다. 그 시간을 기다려 와인 맛을 보는 사람이 과연 얼마나 될까. 조금
더 가니 삼거리가 나온다. 가이드북은 오른쪽 길을 추천하는데, 약간 멀
긴 하지만 숲속으로 이어지는 왼쪽 길을 택했다. 3시간 가까이 걷는 오솔
길이 호젓했다. 소나무 숲으로 난 길은 부드러운 흙이라서 발이 편했다.
어제까지만 해도 오른발이 많이 불편했는데 호사를 누리는 것 같았다.

　루킨(Luquin)이라는 마을 입구에 있는 바에 들러 커피를 한 잔 마시

면서 카카오톡으로 어제 입원했다는 시후 소식을 확인한다. 마침 보이스
톡으로 전화를 걸어 순례길 이후 처음으로 아내의 목소리를 들었다. 그
동안 보이스톡을 몇 차례 시도해 보았지만 번번이 실패했는데, 오늘은 다
행히 연결되었다. 아내는 중환자실에서 치료를 받고 있는 시후를 면회하
고 막 나오는 길이란다. 시후가 수면제를 먹어선지 정신이 약간 오락가락
한다며 더 이상 이야기를 하지 않는다. 물론 멀리 나와 있는 나를 배려하
는 것이겠지만, 시후 상태가 많이 좋지 않아 그러는 것 같다. 마음이 무너
져 내린다. 아무리 기도의 발걸음을 옮기고 있다지만 이럴 때 시후나 딸
곁에서 아픔을 함께 나누지 못하고, 병원과 집, 딸네 집을 분주히 오가며
고생하고 있을 아내 곁에서 도움을 주지 못하는 게 미안하기 짝이 없다.

"하나님! 제발 시후의 병을 고쳐 주세요. 딸의 마음을 붙잡아 주세요."

배낭을 둘러메고 다시 발걸음을 떼는데 눈물이 앞을 가린다. 저 앞에
길모퉁이가 보인다. 이번에는 어디로 가려고 돌아가는 걸까. 저 모퉁이를
돌면 그리고 저 고갯마루에 올라서면 끝이 보일까. 과연 끝은 있는 걸까.
내가 그 끝까지 걸어갈 수는 있을까. 오늘 가야할 길이 끝이 아니다. 내일
가야할 길도 끝은 아니다. 한 달을 넘게 걸어가면 끝은 나오는 걸까. 산티
아고가 그 끝이란 말인가. 아니 땅끝마을이라는 피니스테라가 끝이란 말
인가. 산티아고 데 콤포스텔라 성당에 가면 하나님을 만날 수 있는 건가.

벼랑 끝에 서 있는
나무는 외롭지 않다

아니 피니스테라 해안 절벽까지 가야 하나님을 만날 수 있는 건가. 아, 답답하다. 끝이 보이지 않는다. 그러나 나는 끝을 봐야 한다. 끝까지 가야만 한다. 도대체 그 끝은 어디란 말인가.

이제부터는 황량한 벌판길이다. 어쩌다 나오는 포도밭만 푸를 뿐 누렁

게, 때로는 벌겋게 드러난 황야가 끝도 없이 펼쳐진다. 햇볕 가릴 만한 그 늘도 없다. 수건으로 얼굴을 덮고 그 위에 모자를 눌러 쓴다. 그래도 다행 스럽게 경사가 완만해 그리 힘든 길은 아니다. 길에는 잔돌들이 깔려 있 다. 걷기에 안성맞춤이다. 어제 밤에 잠을 잘 자서인지 몸 컨디션은 괜찮 다. 내친 김에 8km 정도 더 걸어서 다음 마을에까지 가볼까 하는 생각도 해 보지만 무리할 필요가 없다. 로스 아크로스(Los Acros)라는 동네에 서 알베르게를 잡는다. 시설이 대체적으로 깨끗한데 침대를 정하고 보니 작은 방에 있는 4개의 침대가 모두 한국인이다. 거제도에서 온 60대 부 부와 미국으로 이민 가서 살다가 카미노에 왔다는 자칭 '58년 개띠 아줌 마'와 나, 이렇게 4명이 한 방 침대 4개를 모두 차지한 것이다. 한국인끼리 묵게 되었으니 오늘은 편안한 밤이 되려나. 기대가 된다.

잃어버렸던 시계를 찾다

어제 잃어버렸던 손목시계를 찾았다. 줄이 망가져서 주머니에 넣어 가지 고 다니다가 다른 물건을 꺼낼 때 빠지는 바람에 잃었던 시계이다. 아쉬운 마 음이 있긴 했지만 이미 어떻게 해볼 도리가 없어 포기했었다. 그런데 그 시 계를 찾은 것이다. 함께 묵게 된 거제도 부부가 시계를 잃어버리지 않았느 냐고 묻더니 시계를 하나 보여 주는 것이었다. 시계를 보자마자 반갑기도 했 지만, "아니 세상에 이럴 수가……." 먼저 탄성을 질렀다. 길을 걷고 있는

벼랑 끝에 서 있는
나무는 외롭지 않다

데 어떤 서양 순례자가 동양사람 시계 같은데 찾아줄 수 있으면 좋겠다고 하면서 자기에게 건네주더라는 것이다. 시계에 한글이 적혀 있던 게 내게 돌아온 단초가 되었다. 아무리 그렇더라도 길에서 잃어버린 시계가 내게 다시 돌아올 확률은 사실 거의 없는 것 아니지 않은가. 참 신기한 경험이 아닐 수 없다.

길에서 예배를 드리다

9월 15일(일) · 7일차 _ 흐리다가 오후에 맑음

하늘엔 먹구름이 잔뜩 끼었다. 옆 침대에서 나는 코고는 소리에 잠을 개운하게 자지는 못 했지만, 발걸음은 비교적 가벼웠다. 오늘따라 등짐도 가볍게 느껴진다. 주일인데 교회에 나가 예배드리는 대신에 조금 일찍 일어나 『생명의 말씀』으로 큐티를 해서 그런가. 오늘의 큐티 내용은 기드온의 300용사 선발 과정에 관한 것이었다. 최초 32,000명의 지원자를 10,000명으로 줄이고, 최종 300명으로 축소하여 적과 싸우도록 한 것이다. 기드온으로 하여금 "내 손이 나를 구원했다."고 교만하지 않도록 하기 위한 하나님의 세심한 섭리였다. 내가 카미노 순례를 하는 것도 하나님의 도우심에 의한 것임을 고백하라는 메시지같다. 아무튼 길을 곧 예배하고 기도하는 장소로 만들면 된다는 생각을 하니 마음이 편안해진다.

오늘 걸은 길은 로스 아르코스에서 로그로뇨(Logrono)까지 28.1km. 오솔길과 큰길이 여러 차례 교차하고, 그늘이 거의 없는 길이었다. 내리막과 오르막도 있었지만 가이드북에서 안내해 준 것보다 어려운 편은 아니었다. 산솔(Sansol)이란 마을을 지나며 바에 들러 커피 한 잔을 시켜 놓고 와이파이를 사용하려 했으나 연뒬이 되지 않았다. 아쉬운 마음으로 갈 길을 재촉해야 했다. 아직 중환자실에 있는 시후의 몸 상태는 어떨까? 마음이 가벼워지고 등짐이 가볍게 느껴지는 만큼 시후도 좋아졌다는 소식을 듣고 싶다.

다시 2시간을 넘게 걸어 비아나(Viana)란 작은 도시를 지나는데 성당에서는 축제를 벌이고 있다. 어른이나 아이 할 것 없이 형형색색의 유니폼을 입고 춤추기도 하고 환호하면서 함께 즐겁게 지내는 모습이다. 내가 스페인에 있다는 느낌이 확 와닿는다. 마침 성당에서 와이파이가 되어 카카오톡으로 시후 소식을 들을 수 있었다. 아! 이게 무슨 말인가. 기대와는 달리 시후 몸 상태가 별로 좋아지지 않는다는 것이었다. 이뇨제를 투여해서 몸이 많이 부었다고 했다. 걱정하지 말라는 아내의 말은 곧 시후의 몸이 좀처럼 나아지지 않고 있다는 또 다른 얘기였다. 다시 속울음을 삼키며 발걸음을 내딛기 시작했지만, 답답한 마음을 풀 길이 없었다.

2시간을 더 걸어서 로그로뇨에 도착했다. 인구 13만 명 정도 되는 대학 도시라는데, 입구부터 깨끗하게 단장되어 있다. 피에드라 다리(Puente de Piedra)를 건너는데 강 좌우편 산책로에는 많은 사람들이 뛰고 걷고, 앉아서 여유롭게 즐기고 있다. 구시가지로 접어들어 첫 번째 보이는 알베르게에 들르니 •시에스타 시간이라 문을 닫고 있다.

한참을 더 걸어서야 산타 마리아 성당의 알베르게가 나타난다. 자원 봉사자로 보이는 50대 여자분이 안내를 하고 있다. 이미 도착한 순례자들에게 스페인어로 알베르게 이용에 관한 설명을 하더니, 내게는 다시 영어로 또박또박 설명해 준다. 알베르게 숙박비는 없고 대신 약간의 기부금만 함에 넣으면 된다고 한다.

몸도 씻지 않고 바로 카카오톡으로 딸과 대화를 나눴다. "시후가 중환자실에서 치료를 받고 있는데, 너무 울어서 다른 환자들의 불평이 많아 어떻게 해야 할지 모르겠다."며 울상이다. 시후와 딸이 이토록 힘겨워하는데 곁에서 나누지 못한다는 게 큰 죄를 짓는 것 같았다. 마음의 갈피가 잡히질 않았다.

● 시에스타(Siesta) : 스페인 사람들의 낮잠 시간으로 보통 오후 2시~5시까지 이어진다. 스페인 정부에서는 일의 효율성이 떨어진다는 이유로 폐지하여 레스토랑 등은 영업을 계속하지만 일반 가게는 대부분 문을 닫고 쉰다.

시후의 입원은 어쩌면 카미노 순례의 첫 번째 시험인지도 모르겠다. 시후 몸이 좋지 않아서 응급실로 달려가고, 병원에 입원해야 할지 모르겠다는 딸의 이야기를 듣고 나서부터 나는 카미노 순례를 중단하고 귀국해서 딸과 함께 하는 것이 낫지 않겠나 하는 생각도 했었다. 시후의 입원으로 시원이(시후 형)마저 집에 와 있는 상황에 아내에게만 모든 걸 맡기는 게 도리는 아니지 싶었다.

"주님, 이것이 저를 향한 시험이라면 저를 불쌍히 여기셔서 딸과 시후의 병을 고치시어 정상적인 생활이 가능하도록 해 주옵소서. 믿음으로 주님을 바라보며 지금 닥친 문제를 해결하게 하옵소서."

저녁 7시 반 미사에 참석했다. 개신교 신자인 내가 천주교 미사에 참석하는 게 좀 어울리지 않지만, 딸과 시후를 위해서 오직 하나님을 바라보며 조금이라도 더 기도하려는 마음으로 미사에 참석한 것이다. 미사 의식이 생소한데다가 신부님 말씀을 한 마디도 알아들을 수 없었다. 그러나 경건한 분위기에서 진행되는 미사 마지막에는 순례자들을 앞으로 나오도록 해서 축복기도를 해 주시기도 했다. 미사가 끝난 뒤에 성당에서 준비한 저녁식사를 하는데, 바게트 빵과 채소와 쌀밥 샐러드, 스프에 와인이 곁들여지고, 후식으로 요거트가 차려졌다. 특히 순례자 20여 명을 상대로 신부님이 직접 음식을 날라다 주는 게 인상적이었다. 매일 이어지는 순례자들을 위해서 미사를 드리고, 이렇게 식사를 제공하는 게 여간한 일이 아닐 텐데 그들의 신앙심과 봉사정신에 경의를 표할 만하다.

길에 떨어진 모자의 주인을 찾아 주고

비아나를 지나는데 길 위에 모자가 하나가 떨어진 게 보였다. 앞서 가던 사람 누군가 떨어뜨린 거겠지 하면서 주워 들었다. 한참을 가다보니 5명이 서서 쉬고 있다. 그 중 한 여자가 모자를 쓰고 있지 않았다. 그녀를 향해서 모자를 흔들어 보이니 웃으면서 내게 달려온다. 모자를 찾아줘서 고맙다며 얼마나 반가워하는지 그 모습이 참 예쁘다. 함께 기념사진을 찍고 1km쯤이나 더 걸었을까. 뒤에서 누군가 소리치면서 나를 쫓아온다. 모자를 찾아 준 그 아가씨였다. 내가 뭘 흘렸나 하고 서서 기다리는데 다가와서는 비닐봉지를 내민다. 무화과다. 먹으란다. 고맙다며 그 가운데서 3개를 집어 드니 아가씨가 먹는 방법까지 알려 준다. 맛이 일품이었다. 아마 선행의 결과로 얻어먹는 것이라 더욱 맛이 좋았던 것 같다.

고통 받기를 자처하다

9월 16일(월) · 8일차

　　오후 1시 40분 나헤라(Najera)에 도착, 알베르게에 자리를 잡았다. 29.4km를 7시간에 걸쳐 거의 쉬지도 않고 걸었다. 비아나라는 마을을 지나면서 성당에 들러 잠시 기도드릴 때 빼고는 앉아 본 적이 없다. 제법 긴 거리였지만 고통을 자처한 것이다. 시후와 딸이 병원 중환자실에서 고생하는 걸 생각하면서 조금이라도 그 고통을 함께 해보자는 마음에 그렇게라도 해야 했다.

　　오늘도 그늘이 거의 없고 오르막 내리막이 반복되어 걷기가 쉽지 않은 길이었다. 하지만 그냥 그렇게 걷고 싶었다. 내가 걸으면서 느끼는 고통은 딸과 시후가 겪는 것에 비하면 아무것도 아니리라. 오늘은 걷는 중간에 와이파이 되는 곳도 찾지 않았다. 딸과 시후를 생각할수록 눈물만 흐른다. 감정이 복받쳐 감당하기 힘들다. 하나님은 자꾸 저 멀리서만 계신 것 같다. 하나님을 만나려고 따라가면 저 멀리로 물러서는 것 같다. 어느새 카미노 송이 된 '주기도 송'을 목청껏 불러보지만 이내 목이 멘다.

　　"하나님. 언제까지 이래야 하는 겁니까. 도대체 언제까지 시후가 저토

벼랑 끝에 서 있는
나무는 외롭지 않다

록 고생을 해야 합니까."

오른발이 계속 아프다. 걸음을 내딛기가 고통스럽다. 오른쪽 무릎도 시
큰거린다. 어깨까지 짓눌린다. 걷기 시작한 지 8일째다. 어느 정도 적응할
만도 한데 여기저기가 쑤시고 까지고, 쓸데없는 힘이 들어간다. 아직 내
려놓고, 벗어던지고, 아예 버릴 것조차 그대로 끌어안고 있거나 등짐을
지고 있어서 그런 건 아닐까. 아무래도 육신적 고통이 영혼의 자유를 제
한하면 안 될 것 같다.

사방을 둘러보니 포도밭이다. 자갈밭인데도 포도나무는 풍성한 열매
를 맺어 수확을 기다린다. 정오가 지나자 갈증이 심해졌다. 물을 한 모금
마셔보지만 갈증은 여전하다. 오늘따라 점심을 준비하지 않았다. 그래선
지 허기를 더 느끼는 것 같다. 순례자가 포도를 따 먹으면 그 포도밭 주인
이 복을 받는다는 얘기도 있지만, 그 말에 신뢰가 가지 않는다. 아닌 게
아니라 순례자들이 포도밭을 지나가며 따먹고 버린 포도 껍질이 여기저
기 흩어져 있다. 허기를 느끼다 보니 나도 자꾸 포도밭에 눈길이 간다. 내
가 저 포도를 따 먹으면 저 포도밭 주인이 복을 받게 될까. 오히려 애써
지은 포도 농사를 망쳤다며 언짢아하는 건 아닐까. 참다가 결국엔 포도
한 송이를 따서 입에 가득 물었다. 시원하다. 새콤달콤하다. 한 송이를 껍
질째 다 먹고 나니 갈증이 사라지고 포만감도 느껴진다. 그런데 간사하고

나헤라 입구에서 만난 여자 순례자

세속적인 내 모습을 보는 것 같아 씁쓸해지기도 한다.

　오늘 목적지인 나헤라 입구에 이르는데 앞에 여자 순례자가 절뚝거리
며 아주 천천히 걷고 있다. 오른발에는 등산화, 왼발엔 슬리퍼다. 왼발이
많이 상한 모양이다. 저렇게 고통을 감내하면서까지 걸어야 하는 산티아

벼랑 끝에 서 있는
나무는 외롭지 않다

고를 향해 가야 하는 이유가 있는 걸까. 아마도 내가 딸과 손자를 위해 기도의 발걸음을 옮겨야 하는 것보다 더 절박한 사연이 있는지도 모른다. 그녀를 지나치면서 더 힘찬 소리로 "부엔 카미노" 하고 외쳐 준다.

알베르게에 도착해서 몸을 씻고 나서 와이파이를 확인하니 안 된다고 한다. 가까운 레스토랑에 가서 토스트 한 쪽과 커피를 시키는 대신 와이파이로 가족들의 소식을 확인해 봤다. 시후가 다소 좋아져서 퇴원했지만 잘 먹지 않으면 다시 나빠질 수도 있다는데, 음식을 먹지 않고 계속 울고 보채기만 한단다. 그나마 시후가 퇴원한 것은 다행이지만 마음이 아프긴 마찬가지다.

카미노에서 맛볼 수 있다는 영혼의 자유라는 게 뭘까?

산티아고로 가는 카미노에서는 늘 '노란 화살표' 구역 안에 있어야 한다. 카미노에서 자유와 행복감을 느끼다가도 노란 화살표가 보이지 않는 순간 불안해진다. 노란 화살표가 보이지 않으면 노란 화살표가 있던 원점으로 되돌아가야 한다. 다시 노란 화살표를 찾아서 노란 화살표가 가리키는 방향으로 나아가야 한다. 카미노를 걷는 어느 누구나 마찬가지이다. 그냥 가다가는 엉뚱한 곳으로 가게 된다. 우리 인생도 그런 것이 아닐까? 노란 화살표는 하나님이 지정해 주신 인생의 좌표이다. 노란 화살표라 할 수 있는 주님 안에 거할 때 비로소 평강할 수 있고, 영혼의 자유도 누릴 수 있을 것이다.

나헤라를 지나 산토 도밍고로 가는 길

모르니까 가는 거다

9월 17일(화) · 9일차 _ 흐림

쾌적한 오솔길을 지나자 저 멀리 지평선이 보인다. 쉴 만한 그늘 한 점 없는 길이 이어진다. 그나마 구름이 많아서 다행이다. 나헤라를 지나 15~6km 지점에 있는 골프클럽에 들러 커피를 마시면서 잠깐 쉰 것 외에는 줄곧 걸었다.

걷기 시작한 지 2시간 반을 지나자 언덕길이다. 걸어온 길 쪽으로 뒤돌아본다. 시야가 확 트인다. 어제 묵었던 나헤라 지역은 보이지도 않는다. 어디쯤에 있는지조차 가늠되지 않는다. 그동안 내가 걸어 온 길이 숨어버린 것 같기도 하다. 다만 보이는 것은 허허로운 들판뿐이다. 다시 눈을 돌려 갈 길을 본다. 저 멀리 가야 할 방향을 짐작만 할 뿐 역시 길은 보이지 않는다. 내가 걸어갈 길은 있을 것이다. 보이지 않을 뿐이다. 비록 길이 보이지는 않아도 길은 있을 것이라는 믿음을 갖고 발걸음을 내딛는다. 만약 길이 없을지도 모른다는 생각이 든다면 발걸음을 내딛을 수 있을 것인가. 아닐 것이다. 분명 길은 있다. 그렇기에 지금 아무리 고통스러워도 갈 수 있는 것이다. 우리네 인생길도 그렇지 않을까. 앞날이 어떻게 펼쳐질 것이라고 알고 가면 편할 수는 있어도 긴장감도 떨어지고, 재미도 없을 것이다. 재미는 적당한 긴장감이 유지될 때 더하는 거다. 모르니까 가는 것이다. 모르니까 새로운 기대를 품고 갈 수 있다. 모르니까 새로운 세상이 있을 거란 희망을 품고 가는 것이다.

오전 11시 반쯤 산토 도밍고(Santo Domingo)의 카사 델 산토(Casa del Santo) 알베르게에 들었다. 비교적 이른 시간이지만, 가끔 기침도 나오는 걸 보면 무리할 때가 아닌 듯해서 산토 도밍고에서 머물기로 했다. 더욱이 산토 도밍고는 카미노 순례길 조성을 위해서 헌신했던 성인 '산토 도밍고'를 기리는 도시니만큼 이곳에서 머무는 것도 의미 있는 일일 것이다. 11세기를 살았던 '산토 도밍고'는 오늘날까지도 순례자들이 지나는 수많은 길과 다리를 만든 장본인이다. 무학자로서 무식하다고 수도회에서 추방을 당하면서도 그런 큰일을 했으니 성인의 반열에 오른 것이겠지. 산토 도밍고의 속 깊은 마음을 더듬어 본다.

카사 델 산토 알베르게는 스페인 순례자협회가 운영하는 곳으로 최근에 구조 변경을 해서 최신식 시설을 갖추었다. 샤워실이나 화장실도 여러 개로 비교적 순례자들이 여유롭게 이용할 수 있도록 배려해 놓았고, 1층에는 순례자 박물관도 꾸며 놓아 볼거리를 제공하고 있다. 성당 내부에는 닭장이 있어 보는 이들의 눈길을 끈다.

벼랑 끝에 서 있는
나무는 외롭지 않다

수탉과 암탉의 기적 이야기

순례자 부부와 아들이 산티아고로 가는 여정 중에 여관에 묵었다. 여관 주인의 아름다운 딸이 잘생긴 청년에게 눈길을 주었지만, 독실한 젊은 친구는 그녀가 다가오는 것을 거부했다. 그의 거절에 화가 난 여관집 딸은 금으로 된 술잔을 청년의 가방에 숨기고 그가 술잔을 훔쳤다고 고했다. 결백한 청년은 체포되어 교수형에 처해졌다. 부모는 아들의 운명을 잊고 계속해서 길을 갔다. 그리고 그들은 산티아고에서 돌아오는 길에 아들이 여전히 교수대에 매달려 있는 것을 발견했다. 아들은 산토 도밍고 덕분에 그때까지 살아 있었다. 부모들은 재판관의 집으로 달려가 막 저녁을 먹으려던 참인 재판관에게 이 이야기를 했다. 그러자 재판관은 이 부부의 아들은 지금 먹으려는 닭고기마냥 더 이상 살아 있지 않다고 대꾸했다. 그러자 닭들이 접시에서 일어나 큰 소리로 울었다. 기적은 재판장의 마음을 움직였다. 그는 교수대로 달려가 가엾은 청년을 내려 주고 사면했다. (존 브리얼리,『산티아고 가이드북』159~160 쪽 참조)

세상 부러울 게 없는 만찬

9월 18일(수) · 10일차 _ 흐린 후 맑음

오늘은 비교적 걷기에 쉬운 코스였다. 날씨가 적당히 흐린 덕분에 햇볕도 피할만 했다. 미국에 이민 가서 살고 있는 토담이란 분과 함께 살아가는 이야기를 하며 걸으니 그리 힘든 줄 몰랐다. 오른발이 아픈 것도 이젠 많이 진정되었다. 걷기에 큰 불편이 없는 걸 보면 꽤 적응된 것 같다. 숙소에 도착해서 발을 씻고 나서 발뒤꿈치에 붙였던 반창고를 떼어 보니 피부가 밀려서 험하게 찢겨져 있었다. 참아왔다는 게 신기할 정도다.

오늘 숙소는 벨도라도(Belorado)의 산타마리아 성당과 함께 있는 산타마리아 오리지널 교구 호스텔에서 운영하는 알베르게인데 무료이다. 아침에 퇴실할 때 적당한 기부금을 넣으면 된단다. 꽤 연세 드신 아주머니와 아가씨가 등록 업무를 맡고, 미소를 띠며 다가와 차 한 잔과 함께 사탕을 건네준다. 6시간을 걸으면서 쌓인 피로가 싹 가시는 것 같다. 2층에 있는 3개의 작은 방 가운데 한 곳으로 안내를 받아 들어가니 4개의 침대가 놓여 있었다. 나는 입구쪽 1층 침대에 짐을 풀었다. 샤워와 빨래를 마치니 2시가 넘었다. 식당에서는 벌써 거제도 부부가 식사를 하고 있었다. 내가 알베르게에 도착했을 때 남자 분은 마트에 가는 것 같았는데,

벼랑 끝에 서 있는
나무는 외롭지 않다

그새 장을 봐다가 요리를 해서 점심식사를 하고 있는 것이다. 그들이 식사를 하는 걸 보니 시장기가 더 느껴진다.

서둘러 마트를 찾아가 보니 시에스타 시간이라 문을 닫았다. 어쩔 수 없이 숙소로 돌아와 1시간 가량을 쉬고 나니 목이 꽉 잠긴다. 그렇잖아도 요 며칠 기침을 조금씩 했는데, 잘 참아줬던 감기가 본격적으로 오는가 보다. 토담 선생과 함께 마켓에서 장을 봐다가 밥을 하고 국을 끓였다. 뜨거운 밥과 국 덕분에 땀을 흘리면서 맛난 식사를 할 수 있었다. 김치 한 접시와 된장국이 없어 아쉽긴 했지만, 이렇게라도 먹을 수 있다는 게 감사한 일이었다.

이 알베르게에서는 와이파이가 되지 않아 가까운 레스토랑에 들러 아내랑 소식을 주고받았다. 이번에는 딸이 심한 장염 때문에 병원엘 다녀왔다고 했다. 평소에도 건강이 안 좋은 딸이 요즘 시후의 병원 수발을 든데다가, 퇴원해서도 시후가 너무 우는 바람에 신경을 많이 써서 장염이 온 것 같다. 다행히 병원에서 지어 온 약을 먹고 나서 조금씩 좋아지고 있다는 소식과 시후도 잠을 잘 자고 있다는 얘기에 안도하면서 숙소로 들어와 잠을 청했다. 오늘 밤엔 나도 잠을 잘 자야 할 텐데……. 어제 밤에도 깊은 잠을 이루지 못했다.

To the end, To the truth

오늘 걷는 길 가운데 어느 고속도로 교각에 누군가 낙서를 한 문구이다. 그렇다. 끝에 진리가 있다. 끝은 진리로 통한다고 할 수 있다. 생각해 볼수록 맞는 얘기다. 비록 낙서이지만 음미할 가치가 있다,

카미노 순례길에서의 식사, 그리고 먹거리

나는 그야말로 대충 먹었다. 한국에서처럼 아침, 점심, 저녁 세끼가 정해져 있는 것도 아니고, 그렇게 구분해서 먹을 필요도 없고 먹을 수도 없다. 아침에 일어나서 식당이 있는 알베르게라면 식사를 하고 출발할 수도 있고, 그냥 걷다가 아무 데나 주저앉아서 가지고 있던 빵과 요구르트, 과일 등을 먹기도 한다. 어떤 알베르게에서는 아침식사를 준비해 줘서 단체로 하기도 하지만, 그런 곳은 많지 않아 각자가 알아서 해결해야 한다. 점심식사도 마찬가지다. 지나는 마을이나 도시에는 바나 레스토랑이 있게 마련인데 그곳에 들러 간단히 먹을 수도 있고, 그냥 지나쳐서 챙겨 둔 음식을 먹기도 한다. 저녁은 알베르게 주변의 레스토랑에서 순례자 메뉴를 예약하거나 순서대로 기다렸다가 먹는 방법도 있는데, 대략 9~12유로의 세트 메뉴를 선택해서 먹는다. 이것이 비싸다거나 마음에 들지 않으면 단품 메뉴를 주문해서 먹을 수도 있다. 아니면 가까운 마켓에 가서 장을 봐다가 조리해서 먹기도 하는데, 이 경우는 적어도 슈퍼마켓이 있을 정도의 아주 큰 마을이거나 도시라야 가능하고, 또 알베르게에 주방시설을 갖추고 있어야 한다. 쌀 같은 몇 가지 품목은 슈퍼마켓에서 파는 단위나 양이 많은 편이기 때문에 2~3명이 어울려서 하면

벼랑 끝에 서 있는
나무는 외롭지 않다

먹고 싶은 음식을 비교적 저렴하게 구매해 조리해서 양껏 먹을 수 있는 장점이 있다. 이뿐만 아니라 길 위의 먹을거리를 주목할 필요가 있다. 카미노 옆에는 신기하게 도 야생 복분자가 지천이다. 꼭 하나님이 이스라엘 민족에게 만나를 내려준 것처 럼 요긴한 간식거리로 꼽을 수 있다. 복분자는 갈증이 날 때 적격인데다가 경우 에 따라서는 시장기도 해결할 수 있다. 다만 욕심을 내서 복분자를 더 따려고 손 을 너무 깊이 넣는다든가 팔을 멀리 뻗으면 험한 가시에 찔려 손에 상처가 난다거 나 옷이 망가질 수 있으니 조심해야 한다. 적당한 선에서 그칠 줄 아는 것도 지혜 라는 걸 실감할 수 있다. 그리고 포도밭. 지나는 길 바로 옆에도 많다. 순례자가 포 도를 따 먹으면 그 주인이 복을 받는다는 속설을 믿느냐 믿지 않느냐는 전적으로 자기 자신에게 달려 있다. 포도를 따먹을 것인가 말 것인가는 스스로 판단할 문제 이지만 나는 가급적 손을 대지 않는 게 순례자다운 자세라고 생각한다. 다만 포 도밭 인근에는 야생 포도가 즐비한 경우도 있으니 그런 것은 따먹어도 무방하 겠다. 가끔 관리하지 않는 포도밭이 보이는 데 그런 경우 역시 각자의 양심에 따 라 행동하면 될 것이다. 그 외에도 야생 무화과와 밤, 호두 등이 지천인 곳이 많아 카미노를 걷는 재미로 적당한 선에서 맛볼 수 있다. 물론 이러한 먹거리는 가을에 해당하는 이야기다.

건망증이 겹친 날

벨도라도에서 아헤스(Ages)까지 27.7km를 걸어 오후 1시 20분쯤 알베르게에 도착했다.

오늘은 건망증이 최고로 나타난 날이다.

첫 번째 건망증, 짐을 챙겨서 식당으로 내려와서 다시 배낭을 정리하고 있었다. 옆 침대에서 잤던 토담 선생이 내 모자를 건네준다. 아! 모자를 잊고 나오다니, 뜨거운 햇볕에 무방비로 노출될 뻔했다.

두 번째 건망증, 알베르게에서 무료로 제공해 주는 빵이랑 우유 등을 잘 챙겨 먹고 가벼운 마음으로 길을 나섰다. 2~3km를 걸었을까. 순간 아차 하는 생각이 들었다. 어제 묵었던 알베르게에 기부금을 넣지 않고 그냥 나온 것이다. 편안한 잠자리를 제공해 주고, 미사를 통해 축복해 주고, 아침식사까지 제공해 준 알베르게에서 기부금을 잊고 나오다니……. 다시 돌아갈 수도 없고, 내내 마음이 개운치 못했다.

한없이 평화로워 보이는 석양 진 아헤스 마을

세 번째 건망증, 알베르게에 도착해서 신발을 벗고 슬리퍼를 신으려니 배낭에 매달았던 슬리퍼가 보이지 않았다. 걷는 데만 열중하다 보니 슬리퍼가 떨어지는 것도 몰랐던 것이다. 워낙 시골 마을이라 숙소 근처에서 살 수도 없다. 오늘은 어쩔 수 없이 맨발로 다닐 수밖에 없게 되었다. 내일 부르고스에 가면 살 수 있겠지? 아, 돈 만 원이 얼마인가. 이곳에서는 5유로도 상당한 돈인데 얼마를 줘야 슬리퍼를 살 수 있을까? 적어도 10유로는 줘야 하겠지 생각하니 아깝기만 하다.

오늘은 해발 고도가 1,000m 넘는 산길인데도 소나무 숲과 참나무 숲을 지나는 한가한 오솔길을 걸었다. 며칠 동안 포도밭이나 밀밭이 이어지는 벌판이든가 삭막한 길이었던데 비하면 아주 쾌적한 길이었다. 숲길을 지나는 데 구름이 햇볕을 가려 주었다. 내친 김에 목표로 했던 산 후안 데 오르테가(Sante Juan de Ortega)를 지나 3.6km를 더 걸어서 아헤스(Ages)란 마을에 있는 알베르게에 자리를 잡았다. 공립 알베르게로 아침식사까지 제공하는 조건으로 12유로다. 조금 비싼 편이지만 시설은 대체로 깨끗하다.

집을 나선지도 2주일이 되었다. 오늘은 추석인데 가장인 내가 없어 집안 식구들도 모두 허전해 하겠지? 더구나 딸과 시후 몸이 좋지 않아 고생들 하고 있는데 함께 있어 주지 못하니 미안한 마음이 그리움과 함께 밀려들었다. 숙소에 도착해서 보이스톡으로 아내와 통화를 했다. 아직 딸이 장염으로 아무 것도 먹지 못해 계속 누워서 지내고, 시후도 잘 먹지 않는데다가 노는 것도 시원치 않아 걱정이란다. 그래도 오늘 걸을 때는 주님께서 평안한 마음을 주셔서 딸과 시후의 컨디션이 좋아지고 있을 것으로 믿었는데, 회복이 더디다는 소리를 들으니 마음이 쓰이는 건 어쩔 수 없다.

고난 또는 고통에 임하는 이중적 태도

나뿐 아니라 순례길에 오른 이들 대부분이 800km를 걸으면서 어떤 고통도 달게 받으리란 자세로 임할 것이다. 자신에게 어떤 짐도 기꺼운 마음으로 짊어지리라 마음먹고 이 길을 출발해 걷고 있으리란 건 얼마든지 짐작이 간다. 발이 부르트고, 근육통이 오고, 무릎이 아파도 절뚝거리며 참고 또 참아가며 걷는다. 짊어진 배낭이 아무리 무거워도 끝까지 지고 간다. 배낭 안에는 갈아입을 옷이 있고, 덮고 잘 침낭이 있다. 몸이 아프면 먹고 바를 상비약이 있어 버릴 수도 없다. 그런데 이런 데 비해 또 다른 자세가 마음속에 꿈틀대고 실제로 나타난다. 가급적 걷기에 편한 길을 택하려고 아스팔트길이나 돌밭길이 나오면 밀밭으로라도 걷는다. 행여 호박돌에 미끄러질까 염려돼 부드러운 흙길을 찾기도 한다. 배낭 무게를 줄이려고 먹던 빵 조각도 아낌없이 버리고 가이드북 표지도 뜯어버린다. 어떤 이는 눈썹도 뽑아 버린다는 이야기를 하던데 이해가 간다. 내 배낭에서 꺼내 버릴 물건이 뭐가 있나? 아무리 생각해 봐도 무게를 줄일 만한 게 없다. 다만 한 가지 아직까지도 남아 있는 먹 거리다. 아내가 정성스레 볶아준 콩과 아몬드, 멸치……. 이것들도 이제 며칠 내로 먹어치우면 몇 백 그램이라도 줄일 수 있겠지?

보름달과 십자가

알베르게에서 차려준 아침식사를 간단히 하고 출발했다. 오전 6시 반, 아직 미명이다. 서쪽에 추석 보름달이 구름 사이에 선명하다. 그렇구나. 어제 밤에는 저 달을 보지도 못하고 잠을 잤구나. 새삼 보름달이 정겹다. 새벽 미명에 달빛 따라 발걸음을 옮기니 어느새 아타 푸에르커(Ata Puerka)라는 마을을 지나 언덕길이 나온다. 해발 1,050m라고는 하지만 완만한 언덕배기를 천천히 오르니 숨도 차지 않는다. 돌길을 살살 피해가며 정상을 향하는데 달이 저만치서 내 갈 길을 비추어 주고 있다. 고갯길 정상에는 꽤 큰 십자가가 서 있고 그 위에 달이 걸쳐 있다. 달과 십자가, 어찌 저리 잘 어울릴까. 십자가 앞에서 잠시 두 손을 모아 기도하고 다시 십자가 위에 걸친 달을 쳐다보니 내게 위로의 말을 건네는 것 같다. "석규야! 힘내."

내리막은 돌이 더 많다. 조심해서 길을 재촉하니 그 즈음에야 날이 밝아온다. 어제 조금 더 걸어서 한 코스를 지나 출발한 덕분에 순례자들도 북적대지 않는다. 호젓함을 느낄 수 있어 좋고, 주님을 향한 진심 어린 신앙고백도 드릴 수 있어 감사하다. 오르바네하(Orbaneja)라는 작은 마을

십자가에 걸친 새벽달

을 지나는데 길가에 자두나무가 보인다. 그 밑에는 작은 자두들이 떨어
져 있다. 그 가운데 다섯 개를 주워서 먹어보니 꿀맛이다. 자두가 볼품이
없는데도 단맛이 제대로 난다. 때에 따라 딸기와 포도, 무화과 열매를 먹
을 수 있었는데, 이번에는 자두로 목을 축이게 되니 이 또한 하늘이 내려
준 '만나'라고 할까.

71

부르고스(Burgos)를 9km 앞 둔 지점을 통과하는데 앞에는 중년으로 보이는 순례자가 스틱도 없이 잘도 걷는다. 내 배낭보다도 큰 배낭을 메고 가는 그녀를 뒤에서 따라가 보려고 하는데, 어찌나 잘 걷는지 따라잡기가 어렵다.

부르고스 6km 앞, 또 한 사람의 순례자가 가고 있다. 이번에는 남자인데 나무 지팡이가 자기 키보다 훨씬 크다. 발이 많이 상했는지 지팡이에 의지해서 겨우 발걸음을 떼고 있다. 꽤 고통스러워 보인다. 그냥 앞질러 가기가 미안해서 한참 동안 천천히 뒤따라갔다. 얼마나 고통스럽고 괴로울까. 저렇게 힘든 걸음으로 걸어야 하는 이유는 무엇일까? 저렇게 걸어가는 모습이 숭고해 보인다. "부엔 카미노" 하고 일부러 큰 소리로 인사를 건네고 지나가는데, 그 사람이 나를 부르며 내 뒷주머니가 열려서 핸드폰이 빠질 것 같다고 알려준다.

얼마 동안 걸으니 주유소 옆에 레스토랑이 보인다. 카카오톡을 확인할 겸 커피 한 잔을 시켜 마시니 부드럽고 촉촉하면서도 진한 풍미가 살아 있다. 스페인에 와서 마신 커피 중 가장 맛있게 느껴진다. 와이파이 코드를 입력하니 목사님이 안부를 물어 오셨다. 목사님께 소식도 전해 드리지 못한 게 못내 죄송했다. 아침에 찍은 달과 십자가와 자두 사진을 전송하고 잘 지내고 있다는 소식을 보내 드리니 반가워하신다. 다시 걷기 시작하는데 아까 그 순례자가 이번에는 그 지팡이도 없이 앞서 가고 있었다. 지팡이를 어떻게 했느냐니까 너무 힘들어서 던져 버렸다고 한다. 참 딱한 일이다. 몸이 힘들수록 지팡이를 의지해서 걸어야 할 텐데, 지팡이가 너무 크고 무거웠던 모양이었다. 안타깝지만 그렇다고 달리 도와줄 방법도 없었다. "부엔 카미노" 하고 격려하며 지나칠 수밖에…….

부르고스 시내에 진입하는데 가로수와 가로등 여기저기에 노란 화살표가 그려져 있다. 난삽하기까지 하다. 오히려 주의를 기울이지 않으면 엉뚱한 곳으로 접어들기 십상이겠다. 가이드북을 꺼내 들고 비교해 가면서 한참을 걸으니 산타 마리아 수도원을 지나고 이제 중세 도시의 냄새가 물씬 나는 구시가지에 들어선다. 12시 정오에 대성당 첨탑이 보이는 공립 알베르게 앞에 도착하니 벌써 20여 명이 배낭으로 줄을 세워 놓고 알베르게 문이 열리기를 기다리고 있다.

알베르게 가까이에 있는 산타 마리아 대성당을 관람했다. 13세기 건축물인 산타 마리아 대성당은 스페인의 무수한 대성당 중에서도 가장 아름답고 큰 성당으로 알려져 있다. 고딕 양식을 기본으로 여러 양식이 혼합되어 있는데 외부에서 바라보는 그 위용이 대단하고, 내부 각 예배당의 치장은 극에 이를 정도로 화려하고 장엄하다. 세계문화유산에도 등재될 만큼 그 역사성과 예술성을 인정받고 있다. 하지만 좀 지나치다는 느낌이

드는 것은 비단 나만의 생각일까. 저토록 엄청난 성당을 건축하고 치장하기 위해 얼마나 많은 돈이 들었을까. 그 돈을 마련하기 위해서 얼마나 많은 이들의 고혈을 요구했을까. 또 얼마나 많은 사람들이 희생되었을까. 하나님께서는 화려한 걸 좋아하실까? 소박한 걸 좋아하실까?

메세타에서 거둔 뜻밖의 수확

9월 21일(토) · 13일차 _ 맑음

부르고스 시내를 벗어나며 길을 헤맸다. 아직 새벽인데다가 노란 화살표가 있어야 할 곳에 있지 않아서 10여 분 간을 다른 길로 접어들었다. 다행히도 함께 걷던 아일랜드 순례자가 스페인어를 잘하는 덕에 지나가는 사람에게 물어서 정상적인 코스로 접어들 수 있었다. 이런 때는 동행이 있는 게 좋구나 하는 생각도 든다. 잠시이긴 하지만 역시 노란 화살표 구역을 벗어나면서 느끼는 불안감이 어떤 것이며, 길 위의 천사가 따로 있는 게 아니라는 걸 다시 한 번 확인할 수 있었다.

2시간을 걸으니 이제부터는 본격적으로 메세타(Meseta) 지대로 접어든다. 고원으로 일종의 사막이라고 할 수 있는 메세타는 스페인 국토 전

벼랑 끝에 서 있는
나무는 외롭지 않다

온타나스 마을 입구에 서 있는 십자가

체의 약 40%를 차지하는데, 어쩌다 영화에서 본 광경처럼 광활하게 펼쳐진다. 사방을 둘러 봐도 끝이 보이지 않는다. 이미 수확을 끝낸 밀밭과 가끔 보이는 해바라기밭마저 노란 꽃이 저버리니 황량함이 파도처럼 밀려온다. 저 멀리 보이는 풍력발전기 바람개비가 나른함을 달래주는 듯 천천히 돌고 있을 뿐 모든 게 정지되어 있는 느낌이다. 대평원을 이루고 있는 메세타 지역을 2시간여 걸으니 오르니요스 델 카미노(Hornillos del Camino)란 작은 마을이 나온다. 여기서 쉴까 하다가 11km를 더 걷기로 하고 쉬지도 않고 나섰다. 슈퍼마켓에 들러서 점심 먹거리를 사가지고 나오는데 연세가 들어 보이는 외국인 부부가 반갑게 말을 건넨다. 자기들은 미국인인데 나보고 한국인이냐고 묻더니 한국을 좋아한다고 한다. 그리고는 자기는 72살이라며 또 내 나이를 묻는다. 60살이라고 하자 35살처럼 보인다고 너스레를 떤다. 그들 부부의 밝은 모습을 보면서 아름답게 늙어간다는 게 어떤 건지 조금은 알 수 있을 것 같았다.

역시 메세타의 연속이다. 어느 쪽을 둘러 봐도 끝이 보이지 않는다. 길가에는 나무 한 그루 서 있지 않다. 그늘이 있을 수 없다. 물도 떨어졌다. 이전 마을에서 물을 채워 넣었어야 하는데 그냥 지나친 게 후회스럽다. 마침 배낭에 쑤셔 넣었던 사과 한 개가 남아 있다는 게 위안이 되었다. 길 가에 있는 키 작은 가시덤불 그늘에 앉아 사과를 한 입 깨무니 달콤함과 시원함이 가득하다. 메세타의 황량함을 일시에 떨쳐버리는 것 같았다.

이제 2km만 더 가면 온타나스(Hontanas) 마을에 알베르게가 있다는 입간판이 세워져 있다. 반갑다. 다른 때 같았으면 쳐다보지도 않았을 텐데, 그 황량한 메세타 지역을 몇 시간이나 지나온 터라 그럴 만도 하다. 고원과 고원 사이 푹 꺼진 계곡에 고즈넉이 자리 잡은 마을이 보인다. 온타나스이다. 아주 작은 마을인데 전통적으로 순례자들이나 지나다니는 마을이라고 한다. 엘 푼티도(El Puntido)라는 네트워크 호스텔에서 운영하는 알베르게에서 쉬기로 한다. 레스토랑도 있는데다가 슈퍼마켓도 운영하는 등 시설이 깨끗하게 정비되어 있다. 와이파이가 집 밖에서도 잘

터져서 아내랑 보이스톡으로 통화를 하니 딸과 시후가 다소 좋아지고 있다는 소식을 전해준다. 겨우 안도의 숨이 나온다.

마을 구경을 하다가 만난 따뜻한 할머니

알베르게에서 쉬다가 마을 구경을 하려고 일어섰다. 골목길을 지나는데 특히 한 집이 눈에 띤다. 현관 출입문 옆에 청포도 나무를 심어서 2층까지 자라게 했는데 포도가 풍성하게 달려 있다. 현관문 앞에는 할머니와 중년 부인 그리고 손녀로 보이는 한 아가씨가 계단에 앉아서 즐겁게 대화를 나누고 있다. 내가 포도 덩굴이 예쁘고 포도가 잘 달렸다는 얘기를 영어 반 몸짓 반 섞어가며 하니까 할머니가 내 손을 잡더니 그 집 창고로 이끈다. 어떤 모형물을 가리키며 자신이 손수 만든 것이라고 자랑한다. 부르고스 대성당 모형이란다. 80세 할머니가 만든 것이라고는 믿어지지 않을 만큼 정교하고 규모도 크다. 할머니께서 기분이 좋으신지 자기가 농사지은 거라며 자주 감자, 양파 등을 보여 준다. 우리가 보통 사먹는 감자나 양파보다 두세 배 크기는 될 것 같다. 그러더니 큰 그릇에 담겨진 자두를 꺼내 비닐봉지에 넣어 준다. 역시 자기를 인정해 주면 좋아하는 건 어느 나라 사람이건, 나이가 들었건 그렇지 않든 마찬가지라는 생각이 든다. 마을 구경을 나갔다가 스페인 사람들의 순수함과 친절함을 함께 경험하면서 즐거운 시간을 보낼 수 있었다.

벼랑 끝에 서 있는
나무는 외롭지 않다

절대 고독이 주는 은혜

9월 22일(일) · 14일차 _ 맑음

아! 오늘은 정말 힘든 날이었다. 동이 트기 전 달을 따라 걷는 길은 편안하고 좋았다. 얼굴이 마치 달빛에 그을릴 것 같은 새벽이다. 공기는 한기를 느낄 정도로 차가웠다. 하늘에는 구름 한 점 보이지 않고, 바람도 자고 있다. 저 멀리 보이는 풍력발전기 바람개비도 멈추어 서 있다.

1시간 반 즈음 걸었을까? 다시 메세타로 올라서는 언덕이 가파르다. 2시간 만에 카스트로헤리스(Castrojeris)라는 마을에 도착해서 들른 성당은 거의 폐허가 된 채 잠겨 있다. 주일이라서 잠시 기도라도 드리고 싶었는데, 길 위에서 예배하고 기도드리는 수밖에 없겠다. 날이 밝자 해가 나더니 완전 땡볕이다. 길가에는 나무 한 그루 없다. 그 많던 딸기 덩굴조차 보이지 않는다. 해발 800~900m에서 태양과 맞부딪치는 기분이다. 머리에 수건을 둘러보지만 뜨거운 기운은 가실 줄 모른다.

벌써 몇 시간째인가. 황량하다는 표현만으로는 부족하다. 이제 메세타 지역에 제대로 들어온 것을 실감한다. 앞뒤 순례자도 보이지 않는다. 나무 한 그루 없는 길이 이어지고 좌우에는 수확이 끝난 밀밭과 해바라기

카스트로헤리스의 무너진 성

밭. 저 멀리 지평선이 아득하다. 내가 여기에서 쓰러지면 어떻게 하지? 순간 불안감이 엄습한다. 아무런 소리도 들리지 않는다. 고요, 적막 그 자체다. 다만 내 거친 숨소리와 발걸음 소리, 배낭에 매단 조가비 흔들거리는 소리만이 내가 살아 있음을 알려 줄 뿐이다. 드넓은 광야에 혼자 서 있다는 게 믿어지지 않는다. 이토록 황량한 벌판에 홀로 버려진 느낌이다. 절대 고독이란 게 바로 이런 것인가. 벼랑 끝에 홀로 서 있는 내 모습을 발견한다. 오로지 내 그림자만이 나를 위로할 뿐이다.

"석규야! 너는 혼자가 아니야. 내가 있잖아. 아무도 안 보이고, 아무 소리가 들리지 않는다고 해서 너 혼자 있는 게 아니야. 주위를 잘 둘러 봐. 그리고 귀를 기울여 봐. 뭔가가 보이고, 또 무슨 소린가 들려오지 않니?"

하늘을 올려다보았다. 하늘이 유난히 넓고 파랗다. 무리 속에 묻혀 살 땐 보지 못했던 하늘이었다. 해가 나를 향해 미소를 던지고 있었다. 가만히 보니 내 주위엔 키 작은 나무와 풀들이 자라고 있었고, 이끼 긴 돌들이 묵묵히 제자리를 잡고 나를 기다리고 있는 것처럼 느껴졌다. 나는 혼자가 아니었다.

한참 동안을 걷는데 저만치서 한 순례자가 쉬고 있다. 그늘도 없는 곳에

서 쉬는 걸 보니 꽤나 힘들었던 것 같다. 가까이 가서 보니 배낭에 기대서 반은 눕다시피 쉬면서 멜론을 먹고 있다. 내가 "올라" 하고 인사를 건네고 맛있겠다고 했더니 칼로 멜론 한쪽을 베어준다. 땡볕에서 땀을 뻘뻘 흘리면서 걷다가 얻어먹는 멜론 맛이 이렇게 좋을 수가. 역시 길 위의 천사가 따로 있는 게 아니다. 내가 목말라 할 때 무겁게 메고 오던 멜론 한 쪽이라도 나눌 수 있는 그 사람도 천사임에 틀림없다.

　몇 시간을 걸었을까. 그래도 땡볕은 여전하다. 왼발 발가락이 아파온다. 지난 며칠 동안 오른발 엄지발가락에 물집이 잡혀 고생했는데, 이번에는 왼발 발가락에서 신호가 온다. 저만치 언덕 마루에 작은 소나무 숲이 보인다. 저기에서 쉬면서 반창고를 붙이면 되겠지? 아주 작은 그늘인데도 이렇게 반갑고 고마울 줄이야. 반창고를 붙인 뒤 잠간 쉬고 나서 다시 걸으려니 발이 얼마나 아픈지 너무 고통스럽다. 억지로 발길을 내딛는데, 다행스럽게도 길가 밀밭으로 흙길이 나 있다. 자갈로 뒤덮인 길과는 비교할 수 없이 부드럽다.

　급기야 물도 떨어졌다. 물이 없으니 갈증이 더 난다. 이내 오늘 목표로 하는 프로미스타가 보이고 가로수들도 서 있다. 힘을 내서 걷는다. 원래 라틴어로 곡식을 뜻하는 플루멘툼(flumentum)에서 유래했다는 프로미스타(Fromista) 지역은 팽창하는 로마제국에 엄청난 양의 밀을 제공한 것으로 알려져 있다. 그리고 옛날 로마를 거쳐 예루살렘으로 향하는 순례자들의 통로가 되었다고도 한다.

알베르게에 인접한 세인트 마르틴(Saint Martin) 성당을 관람하였다. 이 성당은 최초 1066년에 건립되어 여러 차례 개보수 과정을 거쳤는데, 전형적인 로마네스크 양식을 띠고 있는 것으로 유명하다. 겉모습이 단순하면서도 독특해서 아름다움을 더 한다. 또한 다른 성당과는 달리 제단이나 내부 장식이 아주 소박하다. 각각의 기둥마다에는 다른 사람과 동물, 신비로운 모티브가 섬세하게 새겨진 300여 개의 돌로 건축되었다는데 탄성이 나오기도 한다. 그러나 성당에 저런 이상한 형상들이 새겨져 있는 게 하나님의 천지창조 섭리를 표현하기 위한 것이리라 이해하면서도, 어울리지 않는다는 생각 또한 지울 수 없다.

내 마음이 비록 돌밭이라도

9월 23일(월) · 15일차 _ 맑음

오늘은 멀고 지루하고 힘든 길이었다. 잔인한 코스였다고 하면 지나친 표현일까.

오전 5시간 내내 큰 도로를 따라 걸었고, 오후 4시간은 지평선만 바라보면서 거의 일직선으로 난 길을 햇볕 속을 걸어야 했다. 별다른 특색이나 변화 없이 몇 시간을 걷는다는 게 이처럼 지루하고 힘들다는 걸 체험한 게 큰 소득이랄까. 그러나 더 큰 수확이 나를 기다리고 있었다.

프로미스타에서 출발해서 어쩌다 나타나는 마을을 지날 때를 빼고는 19.7km 내내 2차선 도로를 따라 난 카미노를 걸었다. 벌판 가운데 거의 일직선으로 만들어진 순례길은 그래도 순례자들을 배려한 흔적이 역력하다. 물론 지금의 자동차 길보다 훨씬 오래전부터 카미노가 존재했기에 도로를 만들면서 카미노도 정비한 것으로 보인다. 한국에서도 최근에 지방 곳곳에 산책로를 많이 내는데 이와 같은 정책적 배려가 더해지면 좋겠다는 생각이 든다. 가이드북에는 프로미스타에서 출발하면 카리온 데 로스 콘데스(Carrion de los Condes)에서 묵으라고 안내하고 있다. 중

벼랑 끝에 서 있는
나무는 외롭지 않다

프로미스타를 지나 칼사디야 데 라 케사에 이르는 길 가의 돌밭

간에 거의 쉬지 않고 걸어서일까. 카리온에 도착하니 11시도 채 안 되었다. 알베르게를 찾아들기엔 너무 이른 것 같다. 가까운 레스토랑에 들러서 간단히 요기를 하면서 에스프레소 커피를 마셨다. 쓴 맛이 강하지만 그래도 입맛은 개운하고 여운이 남는다.

11시 반이 되어 다시 출발했다. 오후에 걷게 될 17km 구간에는 마을이 없을 뿐만 아니라 물을 구할'수도 없다. 필요한 물품을 미리 챙겨야 할뿐 아니라 마음을 단단히 먹어야 하는 메세타 지역이다. 슈퍼마켓에 들러 오렌지와 사과 하나씩을 사서 배낭에 넣고, 레스토랑에서 예비로 물도 한 병 채워 넣었다.

카리온을 지나서 한 시간여 동안은 내내 아스팔트길을 걸어야 했다. 때로 갓길을 따라 걷지만 노면이 일정치 않아 그것도 만만치 않다. 팍팍한 아스팔트길을 지나나 싶었는데 삼거리가 나타나고 거기부터 흙길이다. 반갑다. 간혹 가로수가 있어 그늘을 만들어 주는 게 고맙지만 끝없이 뻗어있는 일직선 길이 주는 단조로움에 몸은 지칠 대로 지쳐 간다. 며칠 동안 괴롭혀 왔던 오른발 뒤꿈치에 다시 이상 증세가 느껴진다. 그냥 가다가는 오른발이 만신창이가 될 것 같다. 그늘을 찾았다. 마침 길가 수확이 끝난 밀밭에 작은 그늘이 보였다. 밀밭은 돌밭이었다. 그곳에서 양말을 벗고 반창고를 붙였다. 다시 배낭을 메고 걷는데 발을 내딛기가 힘들다.

벼랑 끝에 서 있는
나무는 외롭지 않다

심한 통증이 느껴진다.

다리를 절룩거리며 겨우 걷는데 길 왼쪽에 갈아엎은지 얼마 지나지 않은 밭이 보인다. 자세히 보니 완전 돌밭이다. 크게는 얼굴만한 호박돌들부터 주먹만한 돌들이 뒤덮고 있다. 밭은 내 시야를 벗어날 만큼 크다. 내내 그랬다. 주변의 밀밭들이 그랬고, 수많은 포도밭도 대부분 이런 돌밭이었다. 나는 포도주에 대해 잘 모르지만 가장 좋은 와인은 돌밭에서 생산되는 포도로 빚어진다는 얘기를 들은 적이 있다. 그러고 보니 스페인도 좋은 와인 생산국의 하나이지 않은가. 아! 바로 그거다. 아무리 돌밭이지만 그 밭주인이 씨앗을 뿌리고 나무를 심었다. 저 황무지 같은 땅들도 버려진 땅이 거의 없다. 밀이나 채소, 해바라기, 포도 등이 심어져 있다. 소출이 많으냐, 적으냐는 또 다른 문제이다.

성경에는 씨 뿌리는 자의 비유가 있다. "씨를 뿌리되 더러는 길가에 뿌려져 새들이 먹어버렸고, 더러는 흙이 얕은 돌밭에 떨어져 뿌리가 없어 말랐고, 더러는 가시떨기 위에 떨어져…… 더러는 좋은 땅에 떨어져 백 배, 육십 배, 삼십 배의 결실을 맺었다 (마 13:3~8)."

예수님께서 '말씀을 받는 자의 태도'를 '씨 뿌리는 자'에 비유하면서 '돌밭'을 한 예로 든 것이다. 돌밭에 씨가 떨어지면 어떤 작물이든 말라 죽지만 않아도 다행이다. 당연히 많은 소출을 거두려면 좋은 밭에 씨를 뿌려야 한다. 백 배, 육십 배, 삼십 배의 결실은 아무데서나 거두는 게 아니다. 좋은 밭이어야 한다. 그런데 나는 이 메세타를 걸으면서, 특히 저 끝없는 자갈밭을 보면서 자갈밭, 돌밭도 주인이 어떤 마음을 갖고 대하느냐에 따라 크게 달라질 수 있다 걸 깨닫게 되었다. "내 땅은 돌밭이니까 쓸모가 없어." 하고 내버려 두면 황무지가 되어 버린다. 그러나 비록 돌밭이라도 저렇게 씨앗을 뿌리고 가꾸면 밀이나 포도, 해바라기를 생산해 양식이 되게 하고, 포도주를 만들고, 기름을 짜낼 수 있는 것이다. 결국 주인이 어떤 마음을 갖느냐가 중요한 게 아닌가. 주인이 저와 같은 돌밭을 좋은 밭으로 만들어 보겠다고 해서 아무리 많은 인력과 장비들을 투입한다고 해도 저토록 많은 돌들을 다 골라낼 수는 없을 것이다. 하나님은 내 마음에 있는 돌들을 걷어내려고 무진장 애를 쓰셨을 것이다. 그러나 여전히 남아 있는 자갈돌이 부딪치는 소리가 들려온다. 오랫동안 신앙생활을 한다고 했지만 열매가 별로 없는 탓은 거기에 있을 것이다.

여기에서 난 또 다른 자신감을 갖게 되었다. 비록 내 마음 밭이 저와 같은 자갈밭, 돌밭이라도 비관할 일이 아니다. 무리해서 돌을 골라내려고 애쓰지 않아도 되겠다는 생각이 든다. 내 인생의 주인이신 하나님께서는 나를 그대로 버려두지 않으실 것이다. 나를 향하신 뜻을 갖고 이루고자 하실 것이다. 나는 다만 도구로 쓰이기만 하면 된다. 그것이 본질이고 핵

벼랑 끝에 서 있는
나무는 외롭지 않다

카리온 데 로스 콘데스를 지나 메세타에서 쏘이는 잔인한 오후의 햇빛

심이다. 나는 이토록 황무함과 황량함, 그리고 황당함으로 가득 찬 메세
타의 카미노에서 크나큰 수확을 건진 셈이다. 메세타는 실로 아름다운
길이요, 은혜로 충만한 길이다.

　내가 애초 목표로 했던 카리온 데 로스 콘데스(19.7km)를 지나

17.5km를 더 걸어 칼사디야 데 라 케사(Calsadilla de la Caeza)까지 무려 38km를 걸을 수 있던 것도 메세타에서 뜻하지 않은 소득을 올린 덕분이다.

카미노 순례길을 어떤 사람이 걸으면 좋을까?

각종 통계를 보아도 그렇고, 실제 길을 걸으며 만난 사람들을 보아도 천주교 신자가 제일 많다. 당연하다. 천주교에서는 산티아고를 예루살렘과 로마와 함께 3대 성지로 여기니까. 개신교 신자들은 많지 않은 것 같다. 그 밖에도 자신을 새롭게 발견하려는 사람, 새로운 미래를 설계하려는 사람, 몸과 마음의 치유와 건강을 회복하려는 사람, 스포츠의 일환 등 카미노는 그런 사람들로 줄을 잇는다. 어느 통계에 따르면 2013년 9월에 15,000여 명이 순례를 했다고 한다. 순례길을 걸으며 완주를 하든 못하든, 몇 km를 걷든 그런 것들과는 관계없이 카미노만의 어떤 영적 의미를 깨닫기도 하고 나름대로 목적하는 바를 달성하고 돌아갈 것이다.

하지만 나는 또 다른 차원에서 어떤 사람들이 카미노를 오면 좋을까를 생각해 본다. 나는 누구보다도 정부에서 고위 관료를 지낸 사람들, 법조인들, 군 고위 장성 출신들, 공사기업체 고위 관리직 출신들 이런 분들이 다녀가면 좋을 것 같다. 한 달 이상이 아니더라도 적어도 열흘 이상 카미노를 직접 걸으면 좋겠다.

왜냐하면 이런 분들의 사회 적응력을 높일 수 있기 때문이다. 이런 분들은 공직에서 은퇴를 하면 사회 적응력이 크게 떨어진다는 얘기를 많이 한다. 꼭 그런 것은 아닐지라도 첫 번째 이유가 그동안 비서나 보좌관, 부관 아니면 부하 직원이 무언가를 도와주지 않으면 아무것도 할 수 없거나 하지 않던 생활 습관을 공직에서 물러나서도 쉽게 버리지 못한다는 점, 둘째는 공직에서 누리던 여러 가지 특권 의식과 엘리트 의식을 은퇴해서도 내려놓지 못하고 있는 점이라고 생각한다. 그런데 모든 걸 자기 스스로 준비하고 실행하지 않으면 안 되는 카미노 순례를 직접 경험하면 사회 적응을 방해하는 요소들을 그래도 용이하게 내려놓거나 내던질 수 있는 사람으로 변화할 것으로 기대된다. 자신의 변화는 물론 가정과 사회, 나라 전반에서 특권의식이 사라지고 공정하고 공평한 사회를 만들어 나가는 데 이바지하는 계기가 마련될 것이다.

내 짐은 내려놓을 수 있어도

9월 24일(화) · 16일차 _ 맑음

아침 6시에 알베르게를 나서는데 몸은 무겁고 발을 내딛기가 거북스럽다. 오른발 뒤꿈치가 이중으로 물집이 잡히는 바람에 반창고를 덧붙였는데도 정상적인 보행이 힘들다. 이틀 연속 40km 가까이 걸은 게 무리였으리라. 카미노는 경쟁이 없는 곳이다. 누가 누가 잘 걷나, 누가 누가 빨리 목적지에 도착하는지 측정하거나 경주하는 것이 아닌데도 마치 무슨 대회를 하듯이 하거나, 자기 자신과 경쟁해서 이기지 않으면 안 된다는 듯이 도전적으로 걷고 있는 나 자신을 발견하면서 내심 놀라기도 한다.

원래 나는 다리가 아픈 사람이니까 내가 가진 가이드북보다 이틀을 더해 35일 동안 걷겠다고 했으면서도 오히려 가이드북보다 40km를 앞서 걷고 있는 것이다. 그러니 몸이 힘든 게 당연한지도 모른다.

오늘은 그래서 그런지 발걸음이 무척이나 더디고 힘든데다가 마음마저 답답하기 이를 데 없다. 어제 시후가 병원에 가서 치료를 받았다고 하는데 아내나 딸이 시후 얘길 속 시원히 안 하는 걸 보면 경과가 별로 좋지 않은 것 같다. 걷는 동안 아무리 주님을 외치며 기도해도 응답의 말씀은 없다.

"주여. 지금 시후가 병들어 있습니다. 한 말씀만 해 주십시오."

6kg밖에 안 되는 짐을 지고서도 쩔쩔매면서 어깨를 들었다 내렸다 반복하고, 배낭을 아기 업듯이 받쳐 줘도 어깨 통증은 여전하다. 배낭이 너무 무거워서 내가 질 수 없다면 배낭 속의 짐 가운데서 잘 쓰지 않는 물건은 버리거나, 그래도 힘들면 미리 다음 알베르게로 보내면 가볍게 걸을 수도 있다. 그러나 딸이 지금 지고 있거나 져야 할 짐, 시후가 평생 지고 가야 할 짐은 그럴 수도 없다. 정기적으로 병원에 가서 혈액 검사를 해야 하고, 그 결과에 따라 진단을 받고 약 처방을 받아 약을 먹어야 하는, 하루라도 약을 먹지 않고는 견디기 힘든 생활을 하는데다가 뇌종양으로 고

벼랑 끝에 서 있는
나무는 외롭지 않다

생하는 아들을 건사해야 하는 딸! 몇 개월 사이에 자기 주먹보다도 큰 종양 덩어리를 제거하는 수술을 받고 온갖 고생을 하고 있을 뿐만 아니라 앞으로도 어떤 예후가 나타나 괴롭힘을 당할 지도 모르는 시후! 그런 딸과 시후가 지고 있는 짐, 져야 할 짐은 너무 크고도 무겁다. 하지만 그 짐을 지기 버겁고 힘들다고 해서 마음대로 가볍게 하거나 남에게 맡길 수도 없는 것이다.

"오 하나님. 딸과 시후를 불쌍히 여기시고 긍휼을 베풀어 주세요. 딸과 시후가 져야 하는 짐을 가볍게 해 주세요. 하나님이 그 짐을 대신해서 져 주실 수는 없나요?"

아! 황량한 벌판이 이어진다. 이토록 황량하기만 한 대지 위에 펼쳐진 카미노를 누가 아름답다고 하는가.

그래도 끝은 있을 거야

9월 25일(수) · 17일차 _ 흐린 후 맑음

    황량한 벌판, 그 위에 펼쳐진 길은 차라리 잔인했다고 할까. 가도 가도 물러서기만 하는 지평선이 보이는 순례길은 자갈길이었다. 발밑에서는 쉴 틈 없이 "자갈자갈" 소리를 내고 있다. 뜨거운 햇볕이 내리쬐는데 가끔 보이는 나무들은 길에서 멀찍이 떨어져 있을 뿐 내가 피할 그늘은 없다. 물은 떨어져 가고 목은 마르다. 아! 벌써 며칠째 이런 길을 걷는가. 기억이 나지 않을 정도다. 내 마음조차 황무지로 변해가는 건 아닐까. 도대체 끝이 보이지 않는다. 노란 화살표를 벗어날듯 하면서도 용케도 9시간을 걸어서 찾아든 만시야(Mansilla de Las Mulas)의 알베르게. 도착하자

벼랑 끝에 서 있는
나무는 외롭지 않다

마자 와이파이를 연결해 집 소식을 들으니 딸이 육체적으로뿐만 아니라 정신적으로 너무 힘들어 한다고 한다. 억장이 무너진다. 애비로서 해 줄 것이 기도뿐이라고 해서 카미노에 나왔는데 아직 하나님은 아무런 말씀을 안 하고 있다.

오늘 그래도 그 황량하기 그지없는 벌판을 걸으면서 기도도 많이 하고 마음이 편했다. 하나님께서 딸과 시후를 붙들어 주시고 돌봐 주시리라는 믿음으로 힘든 것도 잘 참으면서 40여 km를 걸어왔다. 그런데 내게 전해지는 소식은 그 반대라니 허망함을 떨칠 수 없다. 딸과 시후는 이 가혹한 시련을 어떻게 이겨낼 수 있단 말인가. 과연 딸과 시후에게 고난의 끝은 올 것인가. 제 몸 추스르기도 힘든데 아들이 여러 차례 수술을 받고 나서도 좀처럼 나아지지 않으니 어미로서 얼마나 힘들까.

끝이 보이지 않는 메세타

로마시대에 건설된 에르마니요스에서 만시야에 이르는 길

"오 하나님, 제 딸을 붙들어 주시옵소서. 나를 불쌍히 여기시고 자신의 병뿐만 아니라 아들 시후의 병으로 힘들어 하는 딸에게 평강의 마음을 주옵소서. 가나안 여인이 귀신 들린 자신의 딸이 낫기를 위하여 온갖 수모를 이김으로 말미암아 '여자여. 네 믿음이 크도다. 네 소원대로 되리라.'는 응답을 주님께 받은 것과 같이 제가 감당할 것을 감당하겠사오니 나를 불쌍히 여기사 제 딸과 시후의 병을 고쳐 주옵소서."

끝이 자꾸 물러나는 것 같다. "나 잡아봐라!" 하는 것처럼 말이다. 내가 저 끝을 행해 달리듯 쫓아가도 거기엔 아무것도 없다. 저 멀리로 물러서는 지평선! 과연 끝은 있는 것인가. 물론 내가 걷는 이 길, 끝은 있다. 노란 화살표를 따라 걷다 보면 알베르게가 나오고, 약간의 돈만 지불하면 내가 묵을 침대 하나가 주어진다.

그러나 그건 오늘의 끝일뿐, 잠을 자고 날이 새면 또 다시 걸어 내일의 끝을 가야 한다. 내일의 끝을 향해 가고, 또 그렇게 가다 보면 산티아고가 나오고, 땅끝 피니스테라가 나올 것이다. 거기가 끝인가? 거기 가서 미사에 참석하고, 기도를 드리면 그것으로 끝나는 것인가?

희귀 난치병으로 온갖 어려움을 겪는 가운데서 아들의 추락을 보며 정신적이고 심리적인 고통을 받고 있는 딸에게 그리고 시후에게 그 고난의 끝은 있을 것인가. 있다면 언제인가. 난 그래도 그 끝은 있으리라 믿는다. 내 걸음의 끝이 있듯이 오늘 딸과 시후가 겪는 고난도 언젠가는 사라지고 기쁨과 소망의 나날로 이어지는 반전이 있으리라 믿는다. 오늘 끝도 없이 펼쳐지던 저 황량한 벌판을 지나 오아시스 같은 이 알베르게를 찾아들어 쉬고 있는 것처럼 딸과 시후에게도 평강과 기쁨의 날이 분명코 올 것이다. 딸과 시후가 지금의 어려움을 잘 참아내서 하나님이 약속한 생명의 면류관을 얻게 되길 간절히 소원한다. 이러한 믿음과 소망의 근거는 오직 말씀뿐이다.

"시험을 참는 자는 복이 있나니 이는 시련을 견디어 낸 자가 주께서 자기를 사랑한 자들에게 약속하신 생명의 면류관을 얻을 것이기 때문이다(약 1:12)."

에르마니요스(Hermanillos)를 벗어난 뒤부터는 아스팔트도, 큰 마을도, 작은 마을도, 농장도, 집도, 샘도, 작은 숲도, 작은 그늘도 없는, 그야말로 황량하기만 한 그런 길이었다. 스페인에 현존하는 가장 완벽한 로마식 길로 평가되는 구간이다. 옛날 로마의 아우구스투스 황제가 오갔던 길, 정복과 살육, 그 속에 문명과 문화가 교류되었던 역사의 숨결이 깃든 그 길이 순례길이 되어 나 또한 순례자가 되어 걷고 있다. 다른 순례자들

벼랑 끝에 서 있는
나무는 외롭지 않다

은 이 길의 잔인함을 미리 알았던가. 그 많던 순례자들이 앞뒤로 한 사람도 보이지 않는다. 그토록 수다스럽던 순례자들도, 세상 짐을 다 지고 가는 것 같던 순례자들도 어디론가 사라졌다. 이미 알베르게로 쉬러 들어갔거나, 건너뛰었는지 모르겠다. 나 홀로 이 고요 적막을 즐기며 그 가운데 홀로 선 느낌을 만끽한다. 혼자이지만 결코 외롭지 않은 길이다.

배낭이 터졌다

드디어 배낭에 문제가 생겼다. 왼쪽 어깨끈이 떨어진 것이다. 아내가 챙겨준 바늘과 실로 겨우 응급조치를 하긴 했지만, 언제 다시 완전히 떨어질지 모르는 형편이다. 재활용품점에서 6,000원 짜리 배낭을 사다 준 아내나, 그걸 이 멀리까지 메고 온 나나 똑같기는 마찬가지다. 이곳 만시야에서 수선을 할 수 있을까 했는데, 알아보니 수선할 만한 곳이 없다고 한다. 다행히 알베르게에서 한국 아주머니를 만나서 사정 얘기를 하니 자신이 갖고 있는 바늘과 실로 꼼꼼히 꿰매 준다. 고맙다. 이 분도 내가 카미노에서 만난 천사이다.

걷는 게 의무인가

9월 26일(목) · 18일차 _ 맑음

지난밤에는 딸에 대한 걱정 때문에 잠을 이룰 수 없었다. 이리 뒤척, 저리 뒤척대다가 다른 사람마저도 못 자게 할까봐 침낭과 베개를 갖고 1층 식당으로 내려가 잠을 청해 보았지만, 오히려 이런저런 잡념이 떠올라 도저히 잠을 이룰 수 없었다. 결국 아침까지 한숨도 못 자고 짐을 꾸려 알베르게를 나왔다.

몸이 천근만근 무겁다. 왼쪽 장딴지는 어제부터 시작된 근육통이 더 심하다. 배낭 역시 어깨를 짓누른다. 두 다리가 마구 꼬이는 것 같다. 이렇게 걷는 게 무슨 의미가 있단 말인가. 회의도 든다. 지난 17일 동안 부르짖으며, 눈물 흘리며 기도했건만 시후가 좋아지고 있다는 얘기가 없다. 딸은 심할 정도로 정신적 고통을 호소하고 있다고 한다. 상황은 점점 더 악화되는 것인가. 애비로서, 부모로서 도울 수 있는 게 과연 무엇이란 말인가.

걷는 게 이제는 의무가 된 것처럼 여겨진다. 오늘따라 작은 오르막길에도 숨이 차오른다. 잠을 제대로 못자고 나온 탓일 게다. 힘들다. 이토록 힘든 걸음을 왜 옮겨야 하나 하는 생각까지 들지만 중간에 쉬지도 않고 걷

벼랑 끝에 서 있는
나무는 외롭지 않다

기만 한다. 시후와 딸을 위해서 더욱 간절한 기도가 나온다.

"염려하지 마라. 내게 기도한다면서 뭘 그리 걱정하느냐. 내가 지키고
돌봐주고 있지 않느냐. 걱정하지 마라." 하나님께서 말씀하시는 것
같다. 이제 내 눈물의 기도가 효력이 있으려나? "그래! 시후는 하나
님이 낳도록 해 주신 하나님의 아들이지?" 시후가 이 세상에 태어나
기까지 하나님께서 어떻게 개입하셨나 하는 것을 되새기니 다시 힘
이 생긴다.

오전 10시 20분, 노란 화살표를 따라 도착한 레온(Leon) 시의 알베르
게 앞. 아직 문은 열리지 않았다. 한국인 청년 한 사람이 맨 앞에 배낭을
놓고 기다리고 있다. 나도 그 뒤에 배낭을 벗어둔다. 몇몇 순례자들이 속
속 들어와 배낭을 순서대로 세워둔다. 문이 11시에 열린다니 30분가량
더 기다려야 한다. 단체로 온 한국인들도 보인다. 만시야(Mansilla)에서
부터 그들을 만났는데, 그들은 나를 봐도 본체만체다. 그동안은 한국인
을 만나면 서로 안부를 물으며 반갑게 인사를 나눠왔다. 그렇다고 내가
쫓아가서 일일이 인사를 나누기도 멋쩍다. 그냥 있으니 마음 한 구석이
개운치 않다. 아무튼 오늘은 딸과 시후가 좋아지고 있다는 소식을 듣고
싶다.

비싼 대가를 치루다

결국 레온에서 배낭을 샀다. 그동안 쓰던 배낭을 버리기는 아까워서 수선집을 찾아봤지만, 마땅치 않아 거금 69.9유로(한화 100,500원)을 주고 35리터 배낭을 구입한 것이다. 생각지도 않은 비용을 지출하게 되었다.

천사가 따로 없다

9월 27일(금) · 19일차 _ 흐리다가 비

늘 도시를 벗어날 때가 문제다. 레온을 벗어나면서부터 길을 잘못 접어드는 바람에 4km나 더 걷고 시간까지 허비했다. 부르고스를 벗어나면서도 그랬고, 사아군을 나서면서도 헤맨 적이 있다. 대부분 새벽 미명에 길을 걷기 시작하니 노란 화살표가 눈에 띄지 않는데다가 꼭 있어야 할 곳에는 정작 표시가 없거나 애매하게 되어 있는 탓이다.

내가 가진 가이드북에는 레온 시내를 벗어나면서 추천 경로와 대체 경로로 나뉘는 길이 나온다. 지도에 표시된 그 갈림길이 실제 도로에서는

레온을 지나 마사리페로 가면서 본 무지개

애매했다. 전신주에 안내 표지가 붙어 있는데 당장 왼쪽으로 나 있는 소로로 가야 하는 건지, 아니면 앞으로 더 가서 갈라져야 하는 건지 헷갈렸다. 어떤 이들은 더 가야 한다고 해서 그냥 갔고, 우리 일행 3명은 왼쪽 길로 접어들었다. 3km를 더 가서 나온 작은 마을에서 결국 우리의 판단과 선택이 잘못되었다는 것을 알게 되었다. 스마트폰에 내장된 위성지도를 확인하니 카미노를 한참 벗어나 있는 것이었다. 마을 주민에게 물어보니 오른쪽으로 큰 도로를 따라 1km를 더 가라고 한다. 오전 이른 시간인데다가 동행이 있어서 망정이지 만약 나 혼자였다면 진땀 꽤나 흘렸을 것이다. 동행이 있었다는 게 참 감사했다.

하늘엔 구름도 많고, 간간이 햇빛이 나더니 조금씩 빗방울이 떨어진다. 길 오른쪽 저 멀리엔 무지개 그림이 펼쳐져 있다. 지평선 위에 떠 있는 무지개, 이처럼 큰 무지개는 생전 처음 본다. 다시 빗방울이 굵어진다. 우의를 입었다 벗었다를 반복한다. 그래도 운동화가 젖지 않을 정도에서 알베르게가 있는 마사리페(Mazarife) 마을에 도착해서 다행이었다. 사설 알베르게라 숙박비가 조금 비싼 편이지만 어쩔 수 없다.

벼랑 끝에 서 있는
나무는 외롭지 않다

발 관리 요령

오래 걷는 데 가장 중요한 신체 부위는 어디일까? 두말할 것 없이 발이다. 발이 부르트거나 다른 문제가 생기면 걷기는 걸어도 너무 괴롭고 힘들다. 경우에 따라서는 일정을 포기해야 한다. 그러면 발을 어떻게 관리하면 좋을까? 군대에서는 장거리 행군을 할 때 양말에 비누칠을 하기도 하고, 솔잎을 뜯어 군화 바닥에 깔기도 한다. 이것은 기본적으로 신발과 발바닥의 마찰을 줄이기 위한 방법으로 발가락이나 발바닥에 물집이 잡히는 것을 어느 정도 예방하는 효과가 있다. 하지만 더 좋은 방법은 없을까? 내 경우는 우선 발가락 양말을 신어 상당한 효과를 보았다. 발가락 양말은 발가락이 서로 마찰을 일으켜 부르트는 것을 방지해 준다. 그리고 무엇보다도 가장 효과를 본 것은 반창고이다. 발가락이나 발바닥 돌출부분에 미리 붙이기도 하고, 걷는 도중에 발이 아프거나 열이 나는 걸 느끼면 그 즉시 가던 길을 멈추고 반창고를 붙여주는 방법으로 위기를 넘기고는 하였다. 그리고 5분 이상 휴식을 할 때에는 신발과 양말을 벗고 쉬면서 맨소래담이나 안티프라민 등으로 마사지 해주었고, 이때 양말을 햇볕에 뽀송뽀송하게 말려 주었다. 만약에 발이 부르터서 조금이라도 물집이 잡히면 즉시 바늘로 물집을 따서 커지지 않도록 하는 게 중요하다. 물집을 딴 뒤에는 반드시 소독을 해서 균에 감염되는 것을 방지해야 한다.

한 여대생의 감투정신에 힘입어

9월 28일(토) · 20일차 _ 비, 흐리다 비

오늘은 왼쪽 무릎 통증이 심했다. 언덕을 오르기가 수월치 않았고, 아스팔트를 만나면 보도 경계석도 겨우 올라설 정도였다. 어제까지 왼쪽 장딴지 통증 때문에 고생했는데, 오늘은 왼쪽 무릎 근육통이 나를 괴롭혔다. 아마도 수술을 했던 오른쪽 무릎에 무리되지 않도록 한다는 게 반대로 왼쪽 무릎에 부담을 줘서 그런 것 같다. 오락가락하는 비로 우의를 입었다 벗었다 반복하는 가운데 느끼는 무릎 통증은 참기 어려웠다.

그동안 걸어왔던 정상적인 속도라면 30km는 6시간 안에 도착해야 하는데 8시간이나 걸렸다. 오늘 목표로 했던 이곳 아스트로가(Astroga)까지 올 수 있었던 건 어제부터 함께했던 박모 양(한양대 신문방송학과 4학년 휴학 중)의 감투정신 덕분이다. 같은 알베르게에서 묵고 아침에 함께 출발한 박 양은 1시간가량 지나면서 점점 뒤처지기 시작했다. 첫 번째 레스토랑에서 커피를 마시고 나오니 박 양이 도착하고 있었다. 골반 통증이 와서 약을 먹었단다. 사실 나도 그 즈음부터 무릎이 아파서 걷기가 쉽지 않았다. 서로 몸 컨디션이 좋지 않으니 힘들면 중간 마을에서라도 알베르게를 잡아 쉬자며 다시 출발했다. 박 양은 계속 처지고 있었

벼랑 끝에 서 있는
나무는 외롭지 않다

오르비고 마을을 지나는 의연한 여대생 순례자

다. 혼자 앞서 걸으면서 박 양이 은근히 걱정되었다. 나는 오스피탈 데 오르비고(Hospital de Orbigo) 등 몇 개 마을을 지나서 카미노 중에서 가장 평화롭고 자연적인 아름다움을 간직하고 있다는 산 후스토 데 라 베가(San Justo de la Vega)에 이르는 구간에서 50대 한국인 여성 순례자 두 사람을 만나 대화를 나누며 쉬고 있었다. 그런데 중간 어느 마을에

서 머무를 것으로 여기고 있던 박 양이 나타나는 것이었다. 그렇잖아도 어제 레온에서 마사리페까지 함께 걸으면서 매사 적극적이고 긍정적인 학생이란 인상을 받았지만, 이 정도일 줄은 상상치 못했다. 무릎 통증이 아무리 심해도 나는 그런 박 양 앞에서 중간에 포기할 수는 없었다. 박 양 고맙네!

아스트로가의 한 알베르게에 늦게 도착한데다가 몸이 힘들어서 1시간 가량 낮잠을 자고 일어나니 오후 6시가 되어 가고 있었다. 대성당과 가우디가 설계해서 지었다는 성당 박물관을 관람하기 위해 찾아갔으나, 이미 문이 닫혀 있다. 밖에서 이리저리 돌면서 사진을 찍어 보지만 그 내부를 보지 못한 아쉬움은 떨칠 수 없었다. 그래서 다음 날 관람 시작 시간을 알아보니 오전 11시나 되어야 한단다. 그 시간까지 기다릴 수도 없고, 아무리 가우디 작품이라도 포기하는 수밖에 없겠다.

아무것도 염려하지 마라

9월 29일(일) · 21일차 _ 흐림

새벽에 길을 나서는데 날씨가 잔뜩 흐렸다. 비가 올 듯 말 듯한데 잘 참아 주는 게 고마웠다. 날이 밝고 해가 뜨자 레온 산맥을 배경으로 멋진

벼랑 끝에 서 있는
나무는 외롭지 않다

무지개가 뜨더니 라바날 델 카미노(Rabanal del Camino)라는 마을까지 길을 인도해 준다.

가이드북에는 라바날 델 카미노란 마을까지 21.4km로 안내되어 있다. 새벽 일찍 출발해서 목적지에 도착하니 11시 반이다. 알베르게에 들어가기는 너무 이른 시간이다. 다음 마을인 폰세바돈(Foncebadon)까지 가려면 5.8km를 더 걸어야 한다. 그래, 더 가자. 폰세바돈은 레온 산맥의 턱에 걸친 마을이다. 오르막은 주로 자갈길이다. 오후 1시가 되도록 어제 그렇게 고통스럽던 왼쪽 무릎 통증이 전혀 느껴지지 않는다. 적당한 휴식과 맨소래담 마사지가 통증을 진정시키는 효과를 가져왔을 테지만, 하나님이 직접 내 무릎을 만져 주신 것 같다.

오늘은 마침 주일이다. 걷는 동안 예배드리는 마음으로 신앙고백과 말씀 묵상, 찬양과 기도를 거듭한다. 어느 작은 마을을 지나는데 돌로 지어진 허름한 성당이 보인다. 문은 닫혀 있다. 잠긴 건 아닌가 하면서 나무로 된 육중해 보이는 문짝을 밀어 보니 의외로 가볍게 열린다. 침침한 내부는 거의 치장되어 있지 않다. 제단 가운데 십자가에 매달려 피흘리는 예수님상이 있을 뿐이다. 맨 앞자리로 나가 잠시 기도를 드리고 십자가를 바라보는데, 이전과는 다른 마음의 평강이 찾아든다. "아무것도 염려하지 말고 다만 모든 일에 기도와 간구로 너희 구할 것을 감사함으로 하나님께 아뢰라. 그리하면 모든 지각에 뛰어난 하나님의 평강이 그리스도 예수 안에서 너희 마음과 생각을 지키시리라."는 빌립보서 4장 6~7절이 자꾸 되뇌어진다. 역시 주님은 낮은 곳에 임하시는걸까. 하나님이 나지막하게 속삭이신다.

"석규야. 네가 눈물 흘리는 이유를 알고 있다. 아무것도 염려하지 마라. 네 딸과 시후는 또한 내 딸이요 내 아들이다. 내가 다 책임져 주겠다."

오늘 묵는 폰세바돈은 산촌이어선지 마을 전체가 와이파이가 되지 않는단다. 가족들의 소식도 알 수 없고 내 안부도 전할 수 없다. 답답하지만 아무것도 염려하지 말라는 하나님의 메시지를 받은 만큼 주께서 지켜 주시리라는 믿음으로 지내야겠다.

저녁식사는 선택권이 없다. 알베르게에서 준비한 식사를 해야 했다. 저녁과 아침식사를 제공하는 조건으로 14유로를 냈기 때문이다. 내가 자리한 식탁엔 7명이 앉았다. 50대 중반쯤으로 보이는 스페인 여성 3명과 한국인 청년 1명 그리고 미국에서 온 62세의 동갑내기 부부가 동석한 것이다. 식사를 하는 중에는 미국인 부인이 대화를 주도했다. 어제 묵었던 아스트로가 알베르게에서 있었던 '베드버그(Bedbug)' 소동을 얘기하더니 아들 딸 2명에 손주가 5명이나 된다고 자랑을 늘어놓는다. 이런저런 이야기를 하는 그녀에게서 그늘이라고는 찾을 수가 없다. 얼굴에 '나는 행복해요'라는 글이 씌여 있는 것 같다. 내가 그녀에게 정말 행복해 보인다고 하니, 옆에 앉아서 별로 말이 없던 그 남편이 한 마디 한다. "내가 해피 키퍼(Happy Keeper)에요." 그렇다. 함께 행복을 만들어 가고, 남편으로서 자기 아내의 행복을 지켜 주는 것이 얼마나 아름다운 일인가. 요즘 들어 우리 사회에서 늘어나고 있다는 황혼 이혼도 평생을 함께 살면서도 결국 상대를 배려하기보다 자기중심으로 행동하기 때문에 생기는 현상이 아닐까. 나도 앞으로 아내의 행복을 지켜 주기 위해 더 배려하고 함께 노력해야겠다는 생각을 해 본

카미노 베드버그(Bedbug) 문제

베드버그는 빈대과의 곤충으로 침대나 옷처럼 따뜻한 곳에 숨어 지내다 밤에 활동하며 사람의 피를 빨아먹는 기생충이다. 베드버그는 질병을 옮기지는 않지만 물리면 불쾌한 가려움에 시달린다. 특히 물린 곳만 붓거나 가려운 것이 아니라 물린 곳으로부터 혈관을 타고 다른 곳으로 번지는 특성을 가지고 있어 순례자들을 괴롭힌다. 순례자 전용 숙소마다 베드버그 퇴치를 위해서 많은 노력을 하지만, 순례자들의 옷이나 침낭 등을 통해 다른 곳으로 옮기는 바람에 완전 퇴치가 쉽지 않다고 한다. 내가 만난 한국 청년들 여러 명이 베드버그에 물려 고생하는 것을 보았으나 나는 다행히 피해를 입지 않았다.

이토록 아름다운 세상

9월 30일(월) · 22일차 _ 흐리다 맑음

　모처럼 잠을 잘 잤다. 새벽에 다른 순례자들이 짐을 꾸리느라 부스럭대도 정신없이 잘 정도였다. 카미노 순례를 하는 동안 제대로 잠을 자 본 적이 별로 없다. 난간 없는 2층 침대를 배정받은 적이 여러 번인데 그때마다 혹시 자다가 떨어지는 건 아닌가 하는 불안감에 잠을 편히 잘 수 없었다. 사관학교 때 동기생 하나가 2층 침대에서 떨어져 뇌진탕으로 사망한 일이 있었는데, 그게 2층 침대에 올라갈 때마다 생각나곤 했다. 어떤 때는 다른 사람들이 너무 뒤척여서 침대가 흔들리고 소리가 나는 바람에 겨우 잠들었다가 깨고, 옆 사람이 코를 심하게 골아서 못 자고……. 하여튼 그리 예민한 편이 아닌데도 그랬다.

　아침에 잠에서 깨어보니 오전 7시 21분이다. 잠을 잘 자서 그런지 몸도 마음도 개운하다. 주위를 둘러보니 몇 명을 빼고 순례자들이 거의 다 빠져 나가 보이지 않는다. 서둘러서 짐을 꾸려 1층에 내려오니 식사가 진행 중이었다. 전날 준비해 뒀던 통조림과 알베르게에서 제공하는 음식으로 식사를 간단히 마치고 출발했다.

벼랑 끝에 서 있는
나무는 외롭지 않다

오늘은 레온 산맥을 넘는 길. 해발 1,515m 푼토 봉(Punto Alto)까지는 계속 오르막이다. 늦게 출발해선지 철 십자가와 작은 예배당이 있는 봉우리에 도착하니 순례자 여러 명이 십자가를 배경으로 사진을 찍고 있었다. 십자가에는 순례자들이 저마다의 소원을 적은 쪽지들이 걸려 있고, 하나둘 던져 놓은 돌들이 탑을 이루고 있다.

동녘 하늘은 해가 뜨고 있는지 붉은 기운이 넘친다. 내리막길, 양쪽 소나무 숲 사이로 부드러운 흙길이 이어지더니, 이내 길이 험해지기 시작한다. 아세보(Acebo)를 거쳐 리에고 데 암브로스(Liego de Ambros) 마을을 지나는 데 자갈길이다. 어떤 곳은 암반층이 그대로 드러난 데다가 경사 또한 만만치 않다. 아침에 흐렸던 날씨가 차차 개이고 맑아져서 다행이다. 비가 조금이라도 내렸다면 길이 미끄러워서 위험했을텐데…….

몰리나세카(Molinaseca)라는 마을에 이르렀을 때는 벌써 오후 1시가 넘었다. 큰 산맥을 하나 넘느라 힘을 빼서 그런지 허기가 느껴진다. 목적지까지 가려면 6km를 더 가야 하니 간단히 요기를 하기로 했다. 동네 작은 슈퍼마켓에 들러 바나나 두 개와 캔 콜라를 사서 갖고 있던 빵 한 개와 사과로 슈퍼마켓 앞 벤치에 앉아서 점심을 먹는다. 땀을 흘린 뒤라 그런지 이것만으로도 맛있고 멋진 식사다. 일류 호텔에서 값진 음식을 먹는 것과는 비교할 수 없는 호사가 느껴진다. 바로 그때 슈퍼마켓 주인이

레온산맥을 오르는 길

벼랑 끝에 서 있는
나무는 외롭지 않다

멜론을 들고 나와서 내게 먹으라며 두 번이나 칼로 잘라 준다. 순례자들에게 친절한 그를 대하니 새삼 세상이 더 아름다워 보인다.

몰리나세카를 지나 폰페라다(Ponferrada)로 들어오는 길은 지루했다. 오르막 찻길을 따라서 걷는데 강한 햇볕이 정면에서 비춰 눈이 부시다. 알베르게로 들어가는 지름길을 지나치는 바람에 2km가량을 더 걸어서 체력 소모도 많았다. 함께 걷던 순례자들이랑 앞서거니 뒤서거니 하면서 길가에 있는 야생 포도와 무화과 열매를 따 먹기도 하고 즐겁게 이야기를 나누면서 걸은 덕분에 힘든 걸 잊을 수 있었다. 알베르게에 들어서니 정원에 서 있는 '산티아고까지 202.5km' 표지석이 제일 먼저 눈에 들어온다.

이젠 발길 닿는 대로

10월 01일(화) · 23일차 _ 비온 후 오후에 갬

어제 오후 늦게부터 내리던 비가 아침에도 그칠 줄 모른다. 마냥 기다릴 수 없어 우의를 뒤집어 쓰고 길을 나섰다. 비를 맞으며 걸으니 속도도 느려질 뿐만 아니라 훨씬 더 힘이 들었다. 비가 오락가락 하면서 해도 들락

날락 한다. 우의를 입었다 벗었다 몇 번씩이나 반복하다 보니 걷기가 여의치 않았다.

처음 2시간을 걷고 레스토랑에 들러 커피 한 잔을 마시며 카카오톡으로 딸과 소식을 주고받는데, 비가 와서 그런지 실내가 더 북적댔다. 1.3 유로를 주고 커피도 마시고, 쉬기도 하고, 와이파이를 이용해 가족들과 소식을 주고받을 수 있으니 2,000원의 가치가 가볍지 않다.

비가 주룩주룩 내리는데도 순례자들이 우의를 걸치고 거침없이 길을 나서는 것을 보면 숭고해 보이기도 하고, 걷는 것을 숙명으로 받아들이는 사람들처럼 여겨진다. 나 또한 그들과 같은 대열에 있다는 게 대견하다. 무릎이 아프다는 핑계로 움직이는 걸 꺼려하다가 다시 걷기운동을 시작한지 불과 1년여 만에 800km나 되는 이 카미노 순례길을 순탄하게 걷고 있으니 스스로도 잘 믿겨지지 않는다. 이제는 발에 반창고를 붙인 곳이 한 군데도 없다. 왼쪽 무릎 통증도 씻은 듯이 사라졌다. 걷기를 시작해서 3주가 지난 지금 내 몸이 안정 단계에 들어와 있다는 걸 느낄 수 있었다.

24.5km를 무난히 걸어서 비야프랑카 델 비에르소(Villafranca del Bierzo)에 도착하였다. 높은 산들로 둘러싸인 인구 5천 명의 요새 도시라 할만한 비야프랑카에는 15세기에 축조된 마르케스(Marqueses)성,

비야브랑카로 가는 길

커다란 궁, 작은 성당, 수도원, 수녀원 건물들과 어울려 중세 분위기를 한 껏 자아내고 있었다. 굳게 닫힌 성이나 수도원의 문만 열면 실로 엄청난 비밀이 쏟아질 것만 같다.

이제 산티아고까지 200km도 남지 않았다. 가이드북에 따르면 비야프 랑카에서 193.5km 남았다고 한다. 가이드북보다는 2일, 당초 예정보다 는 4일 앞당겨 걷고 있는 셈이다. 그러면 산티아고에 일찍 도착해서 어떻 게 하는 게 좋을까. 3일 동안 피니스테라까지 걸을까, 아니면 피니스테라 는 버스로 다녀오고 마드리드나 바르셀로나 등지를 여행할까. 이 두 가지 방안 중 어느 것을 선택할지 고민하다가 발길 닿는 대로, 하나님이 인도 해 주시는 대로 하면 될 것이니 미리 고민하지 말자.

들꽃들의 환호를 받으며

10월 02일(수) · 24일차 _ 흐리다가 오후에 갬

오늘은 그동안의 내 카미노 순례길 중에서 가장 다양한 코스를 걸었다. 새벽 미명을 헤치며 비야프랑카 도심지를 벗어났다. 곧 바로 해발 930m 프라델라(Pradela) 봉을 향해 오르기 시작하는 데 경사가 만만치 않다.

숨이 가빠오고, 아직 날이 밝지 않았는데도 이마엔 땀이 흥건하다. 세 시간 만에 정상에 올라서니 사방이 확 트였다. 눈이 호사를 누린다. 산꼭대기인데도 한참 동안 평지를 걷듯 편하더니 프라델라 마을을 지나면서부터는 급한 내리막 경사이다. 무릎에 무리가 올세라, 발목을 다칠세라 조심조심해서 발을 내딛는데, 어떤 남자 순례자는 보란듯이 뛰다시피 내려간다. 트라바델로(Trabadelo)부터는 2차선 포장도로를 따라 걷는 길이다. 그래도 계곡으로 난 길이라 자동차는 가끔 지나갈 뿐 물소리 새소리가 정겹게 들려왔다. 빗방울이 떨어져 긴장했지만 이내 그쳐줘서 고마웠다.

다시 에레리아스(Herrerias)부터 목적지 오세브레이로(O'Cebreiro)까지 8km는 오르막길이다. 정오 무렵 어느 마을 입구에 커다란 나무 그늘이 있고 그 밑에 야외 탁자가 보인다. 숨도 고를 겸 힘을 비축하기 위해 미리 준비한 빵과 요구르트, 사과로 점심식사를 하는데 마을 앞 넓다란 목초지에서는 소들이 한가로이 풀을 뜯고 있었다. 2시간을 더 가야 산꼭대기 마을인 오세브레이로에 도착할 수 있다. 수백 년은 됨직한 참나무들이 빼곡한 숲에서는 새들이 지저귀고, 계곡에서 물소리가 잔잔한데 길은 오를수록 경사가 심해졌다. 이마에서는 땀이 쉬지않고 흘렀다. 숨소리마저 점점 거칠어졌다. 숨을 헐떡이며 겨우 라 파바(La Faba) 마을 입구로 올라서는데 군락을 이룬 분홍색 꽃들이 바람에 하늘거리고 있었다. 마치 "언덕길 올라오느라 수고했어요." 하고 내게 환호를 보내는 듯하다. 나중에 알아보니 샤프란의 일종인 "아사프란 실베스테레(Azafran Silvestre)"라는 꽃이었다.

오늘 숙소는 라구나(Laguna de Castilla)에 있는 사설 호스텔 알베르게에 잡았다. 조금만 더 가면 최초 목적지인 오세브레이로가 나오고, 갈리시아 정부에서 운영하는 알베르게가 있을 텐데. 언덕길을 오르느라 지치는 바람에 이것저것 가리지 않고 등록한 것이다. 약간 비싸긴 하지만 번잡스럽지 않아 좋다. 사설인데도 산간 마을이라 그런지 와이파이가 되지 않는다. 가족들과 연락을 할 수 없어 아쉬웠지만, 모두 잘 지내리라는

벼랑 끝에 서 있는
나무는 외롭지 않다

믿음으로 지낼 수밖에……

　대충 씻고나서 바람을 쏘일 겸 마을 구경에 나섰다. 10여 호에 불과한 작은 마을이었다. 집집마다 돌로 지은 2층집이었다. 2층에서 살림하고 1층은 외양간이다. 소와 사람이 함께 살고 있는 것이나 다름없었다. 아마 이 마을 사람들은 온 동네에 진동하는 소똥 냄새를 향수처럼 여기며 살겠지? 과객들은 소똥 질퍽한 길을 태연히 지날 수 있는 여유로운 자세를 가져야 할 것 같다.

모든 염려를 내려놓아라

10월 03일(목) · 25일차 _ 비온 후 개임 / 바람이 심함

　라구나에서 오세브레이로까지 약 2.5km 구간은 오르막길이다. 알베르게를 나서는데 하늘에는 별이 총총했다. 해발 1,200m 가까이 되는 곳에서 바라보는 별이라서 그런지 무척이나 맑고 밝게 반짝거렸다. 내가 가는 방향으로는 먹구름이 잔뜩 끼었다.

　역시 새벽 미명 길은 위험했다. 사위는 컴컴하고 적막하기만 한 산꼭대

기에서 만나는 두 갈래길. 있어야 할 노란 화살표는 어디로 갔는지 헤드램프를 손에 들고 이리저리 비춰 봐도 보이지 않는다. 스마트폰 오프라인 지도를 봐도 길을 찾을 수 없다. 결국은 감에 의지해서 왼쪽 길로 접어들었다. 만약 이 길이 아니고 오른쪽 길이라면? 서서히 불안해졌다. 내 헤드램프 불빛 외에는 아무런 빛도 없다. 마치 태백산맥 어느 깊은 산중에서 밤에 홀로 헤매고 있는 느낌이었다. 30여 분을 걸었을까. 작고 희미한 불빛이 보였다. 저만치 마을이 있다는 신호다. 이처럼 반가울 수가 있을까. 마을에 들어서는데 오세브로이로 알베르게에서 길을 나서는 순례자 몇몇이 보였다. 그제야 안도의 숨이 나오고 잔뜩 긴장했던 온몸이 풀렸다.

갈리시아 지방에 속하는 오세브로이로를 지나면서는 내리막길이었다. 먹구름이 부슬비를 뿌리기 시작했다. 빗방울이 서서히 굵어졌다. 우의를 꺼내 입었다. 몸이 휘청거릴 정도로 세찬 바람이 불었다. 날이 밝아오면서 2~3km 사이마다 있는 산촌 마을들을 지나왔다. 길에는 소똥이 지천이라 피할래야 피할 수가 없다. 바람이 점점 세차게 불더니 결국엔 장대비가 쏟아진다. 마침 작은 바가 보였다. 큰 비는 피하는 게 수였다. 바에 들어가니 순례자 한 사람이 벽난로 앞에서 젖은 옷을 말리고 있었다. 커피를 한 잔 마시면서 와이파이를 확인하니 가능했다. 다른 산촌 마을에서는 거의 되지 않았는데 고마운 마음으로 교회 식구들과 소식을 주고받는 사이에 비가 그쳤다.

벼랑 끝에 서 있는
나무는 외롭지 않다

어느새 날씨가 개어서 끝없이 펼쳐지는 산야가 상큼하게 다가왔다. 보이는 곳마다 숲이 펼쳐지고, 그 사이사이 목초지에는 소들이 풀을 뜯고 있었다. 지평선만 바라보면서 걷던 황량하기 이를 데 없던 메세타 지역과는 너무나도 대조적으로 평온해 보였다. 바람은 여전히 거세었다. 꼭 술에 취해서 비틀거리듯 몸을 가누기가 쉽지 않았다. 맞바람이 불 때는 앞으로 나가기가 어려울 정도였다. 내가 살아온 인생이란 것도 이렇게 풍파칠 때가 얼마나 많았던가. 그때마다 이리 쓰러지고 저리 쓰러지기도 했다. 그러나 주저앉지는 않았다. 오뚝이처럼 일어나 도전하고 다시 도전하며 오늘까지 왔다. 지금도 그런 풍파가 밑도 끝도 없이 밀려든다. 더욱이 내 딸과 시후는 벼랑끝으로 내몰리고 있다. 어떻게 해야 이 위기에서 벗어날 수 있을까.

이제 비는 그치고 하늘에는 먹구름이 끼어 있었다. 그 틈새로 간간이 빛이 비쳤다. 고도가 높은 산간에서 비온 뒤 쬐이는 빛이라서 에너지를 보충받는 기분이었다. 12시가 조금 넘어서 트리아카스텔라(Triacastela)에 도착, 오늘도 사설 알베르게에 여장을 풀었다. 규모는 작지만, 오래된 돌집을 최근에 현대식으로 개조한듯 했다. 모처럼 딸과 보이스톡으로 통화를 했다. 시후가 어제부터 폐렴이 와서 고생하고 있다고 했다. 이젠 모든 염려를 내려놓자. 지금까지 걷는 내내 하나님께서는 내게 아무것도 염려하지 말라는 메시지를 주고 계신다.

벼랑 끝에 서 있는
나무는 외롭지 않다

갈리시아로 들어선 첫날 아침

"네가 염려한다고 해서 네가 변화시킬 건 하나도 없지 않느냐? 너는 기도하고 간구만 하여라. 내가 다 책임질 것이다."

그렇다. 이미 시후를 하나님께서 아들 삼아 주셨다. 지어 주셨고, 낳도록 해 주셨고, 뇌종양을 발견해서 수술하도록 해 주셨다. 시력을 잃지 않도록 지켜 주셨다. 비록 지금 온갖 어려움을 겪고 있지만, 다 해결해 주실 것이다. 회복시켜 주실 것이다. 지금까지 우리 가족들이 흘린 눈물보다 훨씬 더 많이 웃고 기뻐할 수 있도록 반전시켜 주실 것이다. 하나님은 끝까지 참고 견디는 자에게 복을 주신다 하셨으니 잘 참아 이기자.

노란 화살표가 주는 의미

10월 04일(금) · 26일차 _ 흐리다 개임

사리아(Sarria)에 도착했다. 사리아는 인구 1만 3천 명 정도의 작은 도시이지만, 중세부터 순례자들의 중심지가 되었다고 한다. 사리아는 시간이 많지 않으면서도 카미노 순례 여행을 간절히 열망하는 이들이 출발지로 삼는 도시다. 사리아부터 산티아고까지는 약 117km인데, 100km 이상만 걸으면 순례자 증명을 받을 수 있는 최소 여건을 갖추기 때문이다.

벼랑 끝에 서 있는
나무는 외롭지 않다

비로소 사리아에 이르고 보니 산티아고가 보이는 듯 하고, 800km 순례를 완주할 수 있겠구나 하는 자신감이 생긴다.

트리아카스텔라에서 사리아까지의 카미노는 크게 2개 루트이다. 하나는 직선 단거리 코스, 또 하나는 우회 장거리 코스이다. 전자는 가깝긴 하지만, 경사도 만만치 않은데다가 아스팔트를 지나야 한다. 후자는 좀 멀지만 자연적인 조건을 갖춘 길이라고 한다. 나는 자연친화적인 게 좋아 후자를 택했다.

처음 4km는 2차선 아스팔트를 따라 걷다가 숲길로 접어들어야 했다. 그런데 여기서 또 문제가 생겼다. 작은 마을 가운데서 우회전해서 다리를 건너야 하는데, 어두운데다가 골목이 좁아서 다리가 보이지 않는 바람에 그대로 직진한 것이다. 아무래도 기분이 이상해서 원점으로 돌아가서 보니 노란 화살표가 보이지 않았다. 어떻게 할까 고민하다가 다리를 건너 작은 오솔길을 따라갔다. 길 양쪽엔 수백 년은 됨직한 고목들이 사열하듯 줄지어 서 있었다. 헤드램프를 켜긴 했지만 감만 갖고 걸을 뿐이었다. 평소엔 그토록 많던 노란 화살표가 꼭 이럴 땐 나타나지 않는다. 다 어디로 숨어서 "나 찾아 봐라." 하는 것 같았다. 순례자들도 다른 길로 갔는지 한 사람도 보이지 않는다. 내가 지금 가고 있는 길이 맞는 건지 아닌지 가늠이 되지 않는다. 그렇게 한 2km를 걸었을까? 그제야 날이 밝아온다.

사리아로 가는 새벽길, 노란 화살표는 보일 듯 말듯하다

길 오른쪽 돌담에 작은 노란 화살표가 보인다. 길을 놓쳤던 곳에도 어디엔가 있었을 것이다. 어둡다보니 시야가 좁아 찾지 못했을 것이다.

어쨌든 노란 화살표 구역 안에 있는 것이 얼마나 중요한가를 다시 실감하였다. 순례길에서 맛보는 자유와 행복, 평안도 다 그 안에 있을 때 얘기다. 어느 순간 노란 화살표가 보이지 않으면 순식간에 불안감이 엄습한다. 순례자는 자신이 노란 화살표 구역 안에 있는지, 벗어났다면 다시 그 구역 안으로 찾아들어갈 수 있는지를 수시로 점검해야 한다. 그렇지 않으

벼랑 끝에 서 있는
나무는 외롭지 않다

면 낭패를 볼 수밖에 없다.

신앙의 관점에서도 마찬가지가 아닐까. 노란 화살표! 그건 분명 하나님께로 나가는 지표가 된다. 순례자가 산티아고로 가기 위해서 노란 화살표를 찾아야 하듯이, 그리스도인들은 항상 주님을 찾아야 한다. 하나님을 떠나 지내면서도 무감각하고, 그렇기 때문에 하나님께 다시 돌아가려고도 하지 않고 그냥 그렇게 살 때가 얼마나 많은가. 순례자들이 늘 노란 화살표 구역 안에 있어야 자유로움을 맛볼 수 있듯이 그리스도인들도 주안에 있어야 참 평강과 기쁨을 맛보며 행복하게 살아갈 수 있는 것이다.

역시 가이드북에서 추천한 대로 내가 걸은 길은 자연스럽게 조성된 길이었다. 강을 끼고 도는 숲길의 정취는 일품이었다. 그 가운데서도 사모스(Samos) 마을의 아름다움은 오래 기억될 만하다. 그리 높지 않은 산들로 둘러싸인 작은 마을 안쪽 깊숙이 자리 잡은 수도회 건물은 주위와 잘 어울렸다. 평온한 분위기를 자아내는 그 모습에 내 마음도 차분해지는 걸 느낄 수 있었다.

사리아에서는 알베르게가 보통 8유로이다. 어쩌다 나는 10유로나 하는 알베르게에 들었다. 그래선지 순례자가 나 밖에 없었다. 2유로의 영향이 크긴 크구나 실감하면서도 조용해서 잠을 푹 잘 수 있었다. 사실 카미노 순례길엔 알베르게가 좋고 나쁘고, 시설이 구식인가 현대식인가를 따질 필요는 없다. 내 경우는 얼마나 경건한 마음으로 묵상할 수 있는 분위기냐, 쉬어야 할 때 편히 쉴 수 있느냐 하는 데 기준을 두고 알베르게를 정하려고 했지만, 다양한 현지 사정 때문에 그것도 쉽지 않았다.

사리아에서 부른 카미노 송

사리아 성을 구경하고 나서 알베르게로 내려오는데 시내 어느 레스토랑 앞에서 누군가 나를 불렀다. 보니까 체구도 크고 나이가 지긋해 보였다. 서로 친구인 듯 두 사람이 어울려 자기들은 호주 사람이라면서 나를 불러 세운 것이다. 내가 먼저 "KOREA"에서 왔다고 하니 그 중 한 사람이 "SOUTH KOREA"냐고 묻고는 "NORTH KOREA is no!"라고 한다. 정말 그렇다고 맞장구를 쳐 주니 기분 좋아라 했다. 그가 친구와 함께 일어나서 호주 국가를 노래하더니 나보고 한국 노래를 부르라고 주문했다. 나는 애국가를 부를까 하다가 내 카미노 송을 부르겠노라고 하고 일어서서 "주기도 송"을 정식으로 부르니 "챔피언 송"이라며 박수치며 환호하고 야단법석이었다. 그 후에도 지나가는 사람마다 붙잡고 와인 한 잔씩을 권하면서 자기 소개와 자국 노래를 주문하니 미국인 남녀 각각 두 사람, 폴란드 부부, 이탈리아 중년 남자, 스페인 사람들이 차례로 자기나라 국가를 부르거나 좋아하는 노래를 부르며 흥거운 시간을 보냈다. 끝나고 보니 와인이 5병, 와인 잔 이십여 개가 테이블에 가득 놓여 있었다. 그 호주인 두 사람이 낸 와인 값만 해도 상당한 액수가 되었을 것 같았다.

벼랑 끝에 서 있는
나무는 외롭지 않다

작은 돌탑 안에 담긴 사연들

10월 05일(토) · 27일차 _ 구름 많음

오늘은 내 카미노 순례에서 가장 많이 걸은 날이었다. 순수 카미노 길을 걸은 거리만 47.8km, 장을 보느라 슈퍼마켓을 왕복한 거리를 합하면 50km를 넘게 걸은 셈이다. 원래는 사리아에서 포르토마린(Portomarin)까지 22.9km만 걸을 예정이었다. 걷는 도중에 하루만 앞당기면 피니스테라까지 더 갈 수 있겠다는 판단이 들자 팔라스 데 레이(Palas de Rei)까지 이틀 동안 걸어야 할 거리를 단 하루에 주파한 것이다.

애초에 목표로 했던 포르토마린을 지나면서 곤사르(Gonzar)라는 마을에서 쉴까 하는 생각도 들었지만, 발걸음은 나도 모르게 앞을 향해서 힘차게 나가고 있었다. 곤사르를 지나서도 마을 마을마다 알베르게 간판이 있었지만 멈추어지질 않았다. 몸도, 다리도, 발도 피곤한 줄 몰랐다. 해발 720m의 라곤데 산맥도 가볍게 넘고 구릉을 수없이 오르내리며 마침내 로사리오 봉을 넘어 팔라스 데 레이에 도착했다. 만 11시간 동안 약 48km를 걸은 것이다.

오전, 어느 작은 마을을 지나는데 길옆에 나지막한 돌탑이 하나 묵묵히 서 있었다. 탑 주위에는 순례자들이 올려놓은 크고 작은 돌들이 쌓여 있고 탑 안에는 잘 장식된 플라스틱 십자가와 가족 사진, 애인인 듯 한 여자 사진, 그리고 전쟁터에서 무장한 채 찍은 군인 사진이 놓여 있다. 저마다 간절한 소원을 품고 하나님께 간구하는 마음으로 저런 물건들을 넣어 두었겠지? 잠시 발걸음을 멈추고 묵상 기도를 올린다. 이 카미노, 행복한 길일 수 있고, 아름다운 길일 수 있고, 또 정겨운 길일 수 있다. 그러나 또한 저 돌탑에 많은 사연들이 담겨 있듯이 카미노에는 얼마나 많은 아픔이 새겨져 있을까. 사랑하는 사람과 맺어지게 해 달라는 간구부터 어느 날 갑자기 직장을 잃은 젊은이의 절규도 있었을 테고, 이혼과 같은 가정의 파탄을 겪으며 하나님을 원망하고 한탄하는 소리도 있었을 테다. 전쟁터에서 아들이나 친구, 애인을 잃은 사람들의 비통함도 있었을 테고, 전쟁터에 나가 싸우다가 생긴 상처를 끌어안고 순례길에 나선 어느 전역 군인의 절절한 마음도 새겨져 있을테다. 그리고 나처럼 자녀나 부모님의 중병을 치료해 달라고 울부짖던 소리도 새겨져 있을 것이다.

카미노 옆에서 줄 지어 몇 백 년 살아온 고목들도, 이끼 끼고 석화 핀 돌담도 수많은 순례자들이 애통해 하는 소리를 들었을 테다. 천 년이라는 길고 긴 세월 동안 온갖 가슴 아픈 사연을 보고 들으며 주변의 나무와 꽃들, 돌들은 위로의 마음을 순례자들에게 어떻게 전해 주었을까? 모르겠다. 분명한 것은 하나님은 저들의 사연을 모두 들었을 테고, 아실 테

132   벼랑 끝에 서 있는
나무는 외롭지 않다

사리아를 벗어난 길 옆 사연 담긴 작은 돌탑

리바디소로 향하는 길가, 순례자들의 아픈 사연을 알 것만 같은 돌담 이끼

고, 그만큼 위로해 주시고, 문제를 해결해 주셨으리라는 것이다. 지난 천
년 동안의 순례자들과 지금도 아픈 사연을 품고 카미노를 걷고 있는 순
례자들의 마음을 어루만져 주시고, 저들의 간절한 기도에 응답해 주실
것이다. 나는 그것을 믿는다.

　나는 기도해야 했다. 비록 카미노를 걸으며 하나님께 올리는 기도이지
만 나는 걸음을 멈추어 쉴 수가 없었다. 기도할 시간이 더 필요했다. 내
차 걸었다. "주여! 주여!" 부르짖었다. "나사렛 예수의 이름으로 명하노니

　　벼랑 끝에 서 있는
　　나무는 외롭지 않다

내 딸과 시후를 괴롭히는 모든 병마와 사탄은 물러날지어다. 사라질지어다." 선포했다. 다행히 오후 2시만 넘어도 순례자들은 알베르게를 찾아들어 카미노는 한적하다. 내가 아무리 소리를 질러도 듣는 이가 없었다. 뜨거운 햇볕이 내리쬐지만 개의치 않았다. 간혹 구름이 빛을 가려 주기도 하고, 곳곳에 있는 그늘 덕분에 발걸음은 지칠 줄 몰랐다. 역시 간절히 기도하면서 걷는 길은 외롭지 않았고, 피곤하지도 않았다. 하나님께서 함께 해 주심으로써 얻는 힘은 실로 놀라웠다.

알베르게 이용하기

◆ 알베르게 등록 : 차례를 기다려 여권과 순례자 여권(크레덴시알)을 제시하면 침대를 배정해 주며, 이때 숙박비를 지불한다. 숙박비는 보통 5~6유로이고, 사설은 8유로, 10유로이다. 무료인 데도 있는데 이 경우는 비치된 함에 약간의 기부금을 내야 한다.

○ 등록을 마치면 제일 먼저 신발을 벗어 신발장 등 일정한 장소에 벗어 놓아야 하며, 실내는 신고 들어가지 못한다.

◆ 침대 배정 및 확인 : 남녀 구분 없이 등록순으로 배정하는데, 남녀를 구분하는 곳도 있으나 많지 않다. 거의 2층 침대이며 사설 알베르게에는 1인용 침대가 있는 경우가 있으나 별도의 추가 요금을 내야 한다. 배정된 침대까지 안내해 주는 곳이 대부분이며, 자기가 직접 선택할 수 있는 곳도 있다. 매트리스와 베개 커버를 주는 곳도 있고, 그렇지 않은 곳도 있으니 확인할 필요가 있다.

다른 침대에는 잠시라도 물건을 올려놓지 말아야 한다. 서양인들은 자기에게 배정된 침대를 개인 공간 개념으로 인식하는 경향이 있어 다른 사람 물건이 있으면 침범 당했다고 언짢아하기 때문이다.

◆ 샤워 및 빨래하기 : 일단 침대를 확인하면 매트리스와 베개 커버를 씌운 뒤 갈아입을 옷을 챙겨 샤워를 하는데, 샤워장도 남녀 구분 없이 이용하는 곳이 많아 당혹스러울 때도 있다. 빨래터는 옥외에 설치된 곳이 대부분이며, 이때 물을 아껴서 사용해야 하고, 특히 물이 밖으로 튀지 않도록 조심해야 한다. 빨래 건조대도 야외에 설치되어 있으며, 빨래집개나 옷핀으로 바람에 날려가지 않도록 할 필요가

벼랑 끝에 서 있는
나무는 외롭지 않다

있다. 세탁기는 2~3유로를 넣어야 이용할 수 있다.

◆ 화장실 이용하기 : 남녀 구분 되어 있는 곳도 있지만, 공용으로 사용하는 곳이 많
다. 순례자 숫자에 비해 부족한 경우가 대부분이다. 특히 밤에 자다가 화장실을
오갈 때 서양 여자들은 내의 차림인 경우가 많은데, 마주쳐도 바로 쳐다보지 않
아야 한다. 경우에 따라서는 양변기에 받침대가 없는 곳도 있으니 당황하지 않도
록…….

◆ 주방 이용하기 : 주방 없는 알베르게가 많은데, 주방이 있다면 가까운 슈퍼
마켓 등에서 장을 봐다가 조리를 해 먹을 수 있다. 그런데 사전에 어떤 조리
기구가 비치되어 있는지 확인할 필요가 있다. 만약 고기를 구워먹으려는데 프
라이팬같은 조리 기구가 없다면 어떻게 되겠는가? 주방용품을 사용한 후에는
반드시 깨끗하게 설거지를 해서 다른 사람이 사용하는 데 불편이 없도록 해야
하며, 설거지 할 때도 물을 최대한 아껴야 하고, 물이 밖으로 튀지 않도록 조심
해야 한다.

◆ 와이파이 이용하기 : 사설 알베르게 이외에는 거의 설치되지 않아 인근 레스
토랑에서 음료나 음식을 먹으면서 코드를 확인해 이용하는 경우가 대부분이다.

길은 쾌적해도 마음만은

10월 06일(일) · 28일차 _ 맑음

오늘의 카미노는 평화로운 기운이 충만했다. 간혹 찻길과 교차하는 곳을 빼고는 아름드리 유칼립투스 나무들이 수백 년쯤 되었음직한 참나무와 어우러진 숲속으로 난 길이 이어졌다. 말 그대로 천연의 모습을 간직한 길이었다. 어제처럼 산과 구릉, 그 사이에 산재한 마을을 끼고 도는 카미노는 적당한 오르내림새를 유지하여 걷기에 그만이었다. 오늘 27.6km를 걸어서 산티아고는 이제 이틀만 더 가면 입성할 수 있게 되었다.

갈수록 태산이란 말을 바로 이럴 때 쓰는 걸까. 잠시 평강을 되찾으면서 "내가 책임져 주마."하는 하나님의 응답을 들은 것으로 믿고 걸어왔지 않은가. 그런데 걸을수록, 산티아고에 가까워질수록 실마리가 풀리는 게 아니라 오히려 문제가 더 커지는 게 아닌가 하는 의구심이 든다.

어제 밤에는 옆에서 코 고는 소리 때문에 한참 동안 뒤척대다가 겨우 잠이 들었는데, 이번에는 꿈에 시달려야 했다. 고등학교 친구, 사관학교 친구들 여럿이 차례로 등장하면서 "너 약속한 걸 왜 지금까지 지키지 않는 거야? 너 사기꾼이지!" 하면서 나를 공격했다. 나는 그게 아니라고 변

벼랑 끝에 서 있는
나무는 외롭지 않다

리바디소의 알베르게에서 쉬며 일기를 쓰는 모습

명했지만, 친구들의 날선 공격은 그칠 줄 몰랐다. 그래도 나를 이해해 주는 친구들 몇몇은 "쟤는 그런 사람이 아니야!" 하고 변호해 주었지만 역부족이었다. 나는 "그게 아니야. 그렇지 않아!" 하고 소리소리 질러댔다. 악몽 속의 잠꼬대였다. 내 잠꼬대에 다른 사람들이 잠을 설쳤는지도 모르겠다. 이제 3일 뒤면 카미노의 일정도 끝나는데 왜 이런 꿈을 꾸는 걸까? 내 살아오는 동안 나름대로 반듯하게 살려고 노력했는데, 남들에게 알게 모르게 잘못한 게 그렇게 많단 말인가. 하나의 잘못이라도 찾아내서 자백하고 회개하라는 뜻인가?

오늘따라 몸이 무거웠다. 이젠 카미노에 어느 정도 적응한 것으로 생각했는데, 어깨도 아프고, 다리는 휘청거렸다. 물론 전날 지나치게 많이 걸은 탓일 게다. 그러나 지난 밤 꿈이 내내 마음을 무겁게 짓누르고 있었다. 이제 곧 산티아고에 도착하는데도 아직 회개해야 할 것 회개하지 않고, 내려놓아야 할 것 그대로 붙들고 있고, 내다 버려야 할 것을 끌어안고 낑낑대는 내 자신이 그 꿈속의 나와 겹쳐지고 있었다. 정작 문제는 내가 무엇을 회개하고, 어떤 것을 내려놓거나 버려야 할지 아직도 구체적으로 모르겠다는 데 있었다. 언뜻 "아 바로 그거야!" 하는 생각이 떠오르지 않았다.

오늘도 딸에게서는 소식이 없다. 장염이 좀 나아지고 있는 건지, 시후는 또 어떤지 모든 게 궁금했다. 알베르게에서도, 인근에 있는 레스토랑에서도 와이파이가 안 되었다. 인접한 사설 호스텔에 가서 와이파이를 사용할 수 있겠냐고 물으니 자기네 호스텔에서 묵는 순례자가 아니면 코드를 알려주지 않는단다. 야속하지만 어쩔 수 없었다.

"석규야! 아무것도 염려하지 말라고 했잖아. 내가 다 알고 있어. 그러니 너는 기도하고 간구만 하되 감사한 마음으로 해. 그러면 내가 평강을 줄게(빌 4:6~7)."

이 말씀을 내 카미노 기도에 대한 하나님이 응답으로 여기고 있다. 그러면서도 하나님을 전적으로 믿지 못하고, 온전히 내어 맡기지 못하는 연약한 믿음을 벗어나지 못하는 나를 보고 하나님은 뭐라고 하실까.

곧 산티아고에 들어간다. 카미노의 끝이 보인다. 그러나 내 인생의 끝은 보이지 않는다. 더구나 딸과 시후가 당하는 고난의 끝은 과연 있는 건지, 그 끝은 어디쯤에 있는 건지, 언제 오는 건지 알 수가 없다. 다만 "내가 책임져 줄테니 너는 아무것도 염려하지 마라."는 말씀만 믿고 간구하고 있을 뿐이다.

야곱이 얍복 강가에서 "나를 축복하지 않으면 물러서지 않겠다."면서 천사와 씨름을 했듯이, 나도 야곱과 같이 절박한 심정으로 카미노를 걷기 시작한 것 아닌가. 그러니 산티아고에 이르는 800km 구간에서 답을 얻지 못한다면, 산티아고에서 그 끝을 보지 못한다면, 피니스테라에 이르는 89km의 길을 더 걸으며 답을 얻고 이 지구의 땅끝마을이라는 피니스테라까지 가서라도 끝을 보겠다는 마음을 다져본다.

갈리시아 지방에 많은 유칼립투스 숲

유칼립투스 숲을 지나며

10월 07일(월) · 29일차 _ 맑음

이제 산티아고가 지척에 있다. 내일이면 순례길에 오른 지 30일 만에 산티 아고에 입성할 수 있다. 유칼립투스의 짙은 향을 맡으며 산 마르코스(San Marcos) 마을을 지나 37.7km를 9시간 반 동안 걸어서 갈리시아 정부 가 운영하는 알베르게에 도착하니 산티아고까지는 불과 4.6km를 남겨 두게 된 것이다.

오늘은 무념무상으로 걸었다고 할까. 아무런 생각도 없었다. 발걸음이 저 절로 떼어졌다고 하는 것이 적당한 표현이겠다. 아르수아(Arzua)를 거 쳐 22.2km 지점, 산티아고를 20km 남짓 앞둔 마을인 아르코(Arco)에 서 하루 묵고 산티아고에 입성할 생각이었다. 리바디소를 출발해서 아르 수아에서 간단히 아침식사를 하고 본격적으로 걷기 시작한 순례길은 몇 차례 주 도로와 교차할 때를 제외하고는 쾌적한 분위기였다. 오르막과 내리막 경사 또한 거의 없었다. 참나무와 독특한 향을 내뿜은 유칼립투 스 숲을 지날 때마다 머리는 맑아졌고 기분 또한 상쾌해지는 걸 온몸으 로 느낄 수 있다. 유칼립투스가 20~30m 높이로 하늘을 향해 쭉쭉 뻗어 있는 모습은 장관이고, 껍질을 벗어 허옇게 드러낸 몸체는 미인의 나신을

갈리시아 지방의 아침 안개

연상케 한다.

   어제만 해도 침잠해 있었는데, 이토록 무념무상의 평온한 마음으로 걸을 수 있다는 게 여간 신기한 게 아니다. 기분이 그러하니 몸 또한 가볍고 발걸음도 경쾌했다. 아마도 산티아고로 들어오기 전에 몸도, 마음도 평안히 쉬라는 뜻에서 이토록 좋은 길을 선물로 준 것 같았다. 유칼립투스는 아주 독특한 향기를 내뿜어서 주변에서는 독충들이 서식하지 못한다고 하는데, 그런 영향 때문인지 숲으로 들어설 때마다 그 향이 아주 짙게 풍

벼랑 끝에 서 있는
나무는 외롭지 않다

졌다. 이 또한 세상에서 더럽혀진 몸과 마음의 죄를 깨끗이 씻어내고 신성한 산티아고에 들어오란 주문이 아닐까.

유칼립투스 숲길을 걸으며 향기에 취해선지 애초 목표로 하던 아르카 (Arca O Pino)라는 마을을 훌쩍 지나서야 그 마을을 지난 걸 알 수 있었다. 무려 4km나 더 걸은 것이다. 이미 26km를 6시간 동안 걸었다. 앞으로 12km를 더 가야 알베르게가 있는 마을에 갈 수 있다. 어떻게 하지? 망설였다. "앞서 알베르게가 있던 마을로 돌아가자면 4km를 걸어야 한다. 그럴 바엔 산티아고 쪽으로 더 가자. 이미 4km를 걸었으니 12km만 더 걸으면 갈리시아 정부에서 운영하는 알베르게에 도착하게 되잖아."

숲 사이로 간간히 비추는 빛, 그건 마치 내 영혼에 비추는 빛 같았다. "내 영혼에 햇빛 비치니 주 영광 찬란해. 이 세상 어떤 빛보다 이 빛 더 빛나네. 주의 영광 빛난 광채 내게 비춰 주시옵소서. 그 밝은 얼굴 뵈올 때 나의 영혼 기쁘다." 찬송가를 낮은 목소리로 부른다. 라바코아(Lavacolla)라는 마을로 접어드는데, 유달리 파란 하늘에 한 점 구름이 눈에 띈다. 하트 모양이다. 피레네 산맥을 넘던 첫날도 거꾸로 선 하트 모양의 구름이 보였는데, 이번에는 바로 선 하트다. 하나님이 첫날부터 마지막까지 이렇게 구름으로 "내가 너를 인도했다."는 신호를 보내 주고 계시구나. 오늘 내가 이렇게 무념무상으로 걸을 수 있던 것도 하나님의 은혜요, 카미노 순례길에

서 올린 기도와 간구에 대한 응답으로 평강의 마음을 주는 거라는 확신이 든다.

마침내 산티아고

10월 08일(화) · 30일차 _ 맑음

마침내 산티아고에 들어섰다. 9월 9일 프랑스 생장 피드포르를 출발한 지 30일만이다. 800km를 하루 평균 26.7km를 걸은 셈이다. 존 브리얼리의 가이드북을 기준으로 하면 3일을 앞당긴 거고, 내가 다리 상태를 감안해 35일로 예정한 것을 기준으로 하면 5일을 앞당긴 것이다. 그동안 발이나 다리가 좀 아프고, 약간의 감기 기운이 있었을 뿐 건강 유지에 아무런 문제가 없었다. 배탈도 한 번 나지 않았다. 평소에는 조금만 피곤해도 입술이 부르트곤 하더니 이곳에 와선 한 번도 그런 일이 없었다. 남들이 많이 물렸다던 베드버그 피해도 없다.

그러나 내가 며칠만에 산티아고에 왔으며, 하루에 몇 km씩 걸었는가, 기간 중 건강에 별다른 어려움이 없었다든가 하는 것은 그리 중요하지 않다. 내가 애초에 산티아고에 오겠다고 마음을 먹은 것도, 이렇게 800km 순례

벼랑 끝에 서 있는
나무는 외롭지 않다

산티아고 대성당

호주인 순례자 데이비드와 함께

길을 완주할 수 있게 된 것도, 성령의 인도와 도우심 때문이다. 내가 이곳
에 온 것은 결코 관광이나 여행 목적이 아니다. 마치 40일 간 광야에 서는
기분으로, 야곱이 얍복 강가에서 천사와 씨름하던 그 심정으로 딸과 손자
시후의 온전한 회복을 위한 기도와 간구를 하나님께 올려 응답받겠다는
절박한 심정으로 카미노 순례길을 걸은 것이다.

벼랑 끝에 서 있는
나무는 외롭지 않다

아무리 생각해도 황무함과 황량함, 황당함으로 가득찬 메세타, 그곳은 내게 잔인했다. 하지만 나는 거기에서 다른 곳에서 맛보지 못한 은혜를 경험하였다. 뜨거운 햇볕 아래 그늘도 제대로 없는 길에서 오직 지평선 저 끝만 보며 걷던 그때는 혼자 버려진 것 같았다. 보일 듯 말 듯 한 그 끝은 나를 향해 손짓했지만, 막상 그쪽을 향해 숨 가쁘게 걸어가면 그 끝은 자꾸 뒤로 물러서곤 했다. 나와 숨바꼭질 하는 것과 다름 없었다. 그러나 그날의 끝은 있어 내 지친 몸과 영혼은 쉴 수 있었다. 그 다음 날 역시 다시 힘을 내서 걷고, 또 걷고, 그래서 카미노의 끝 이곳 산티아고에 이른 것이다.

800km 카미노의 종결점, 산티아고 데 콤포스텔라, 여기에 과연 무엇이 있는가. 산티아고 대성당이 있고, 그 안에 사도 야고보의 유골이 있다. 매일 정오에는 순례자들을 위한 미사가 열린다. 그것들을 보기 위해 그렇게 힘들게 걸어온 것인가. 대성당 앞에서 기념사진을 찍고, 미사를 드리기 위해 이곳에 온 것인가. 이것으로 카미노는 끝난 것인가. 그토록 오랜 시간 멀고 먼 길을 노란 화살표를 따라 온 이유와 목적은 무엇인가.

천 년의 긴 세월 동안 수많은 순례자들의 사연을 간직한 카미노, 그 옆에 있는 나무와 돌, 꽃들도 내 눈물을 보았고 절규하던 소리를 들었을 것이다. 하나님께서는 지난 30일 동안 내가 한 걸음 한 걸음 옮길 때마다 눈물로 올린 기도와 간구를 들으셨을 것이다. 하나님은 내게 단호하게 말씀하신다.

"네가 염려한다고 해결되지는 않는다. 그러니 염려하지 마라. 네 딸,
네 손자 시후는 또한 내 딸이고 내 아들이다. 그러니 내가 책임질 것
이다. 대신 너는 감사한 마음으로 내게 기도하고 간구해라. 그러면
너와 네 딸과 시후에게 내 평강을 다 줄 거다."

내일부터 다시 피니스테라를 향해 걷자. 산티아고에서 피니스테라까지
89km를 3일 동안 더 걷는다는 것은 결코 쉬운 일이 아니다. 하지만 끝장
을 보고 싶다는 절박한 심정을 가슴에 담고 있는데 무엇인들 못하랴. 지
난 30일 동안 800km를 걸어왔는데 겨우 89km를 더 걷지 못할 이유가 없
다. 나는 이 세상의 '땅끝' 벼랑에 서려고 한다. 그곳이 내 카미노 순례길
의 끝이 되듯이 내 사랑하는 딸과 손자 시후의 고통과 고난도 끝나기를 바
라는 절박한 심정으로 그곳 벼랑에 서고자 한다.

내 인생의 카미노는 계속 이어질 것이다. 영원한 끝을 향하여!

벼랑 끝에 서 있는
나무는 외롭지 않다

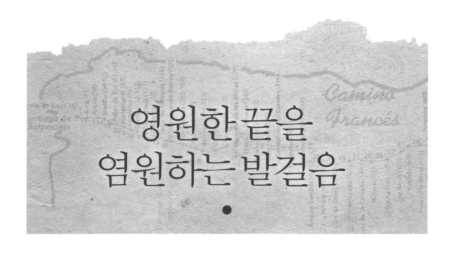

영원한 끝을
염원하는 발걸음

여유로운 마음, 가벼운 발걸음

10월 09일(수) · 31일차 _ 맑음

오늘부터 3일 동안 걸어서 피니스테라로 간다. 땅끝마을로 알려진 피니스테라. 야고보 사도의 시신이 발견된 곳이라고 한다. 지구가 둥글다는 걸 모르던 그 옛날 사람들은 유럽의 최서단인 피니스테라 해안이 땅끝이고, 거기서 보이는 저 수평선 너머는 아무것도 없다고 했다. 난 그곳까지 가려고 한다. 그 '끝'으로 가면서도, 그 '벼랑 끝'에 서서도 내 기도와 간구를 올리고 싶다.

예정보다 무려 5일이나 앞당겨 당도한 산티아고에서, 마드리드에서, 바

피니스테라로 가는 첫날 만난 산티아고 순례를 다섯 번이나 했다는 프랑스인 부부

르셀로나에서, 포르투갈에서 푹 쉬기도 하고 여행을 하고 싶은 생각이 없는 것은 아니었다. 하지만 내가 이곳에 온 이유와 목적이 무엇인가. 딸과 손자 시후를 위해 하나님께 간구하고 응답받기 위한 발걸음을 내딛기 위해 온 것이다. 시간을 절약했다고 해서 그 시간을 관광이나 여행으로 보낸다면, 본래의 이유와 목적이 희석될 뿐만 아니라 하나님께서 내 절박한

벼랑 끝에 서 있는
나무는 외롭지 않다

마음을 인정해 주지 않으실 것 같다. 내 마음도 편할 수 없다.

"그래, 더 걷자. 그만큼 주님과의 교제시간을 더 갖고, 내 기도와 간구를 그동안은 눈물로 올렸다면 이제부터는 감사함으로 드리자. 하나님이 주시는 평강으로 기뻐하며 가벼운 마음으로 걷자. 내 영혼의 자유를 맛보면서 하나님이 딸과 시후의 고통과 고난의 끝을 보여 주시기 위해서 어떻게 역사하시는가를 기대하는 마음으로 걷자."

물론 산티아고에 도착한 후 이어서 피니스테라까지 가자고 이미 결심한 것이기는 해도 어제 대성당 주위를 맴돌며 거듭 마음을 다잡았다. 그래서 그런지 마음은 여유로웠고, 발걸음 또한 가벼웠다. 오전 8시쯤 대성당을 지나 피니스테라로 향하는 노란 화살표를 찾고 있는데 한 부부가 지나간다. 큰길 건너에서는 또 한 순례자가 지도를 보면서 우왕좌왕한다. 나는 가로등 불빛에 보이는 노란 화살표를 확인하고 그에게 소리를 질러 방향을 손짓으로 일러준다. 그동안 카미노에 익숙해진만큼 다른 사람에게 작은 도움이라도 줄 수 있다는 게 얼마나 기분 좋은 일인가.

동행한 부부와 인사를 나눈다. 프랑스에서 온 부부인데, 두 사람 다 반바지를 입고 있다. 남편은 70세, 부인은 68세인데 카미노 순례를 다섯 번이나 했다고 한다. 피니스테라는 세 번째 간다고 한다. 내가 그런 그들에게 "존경스럽다."라고 했더니 아니라며 겸양을 보인다. 아닌 게 아니라 두 사람 다 배낭을 진 모습이나 걸음걸이가 예사롭지 않다. 종교가 뭐냐고 물었더니 "올(All)"이라고 한다. "가톨릭도 아니고 프로테스탄트도 아닌 '올' 종교도 있냐."면서 함께 웃었다.

　카미노의 전체적인 해발 고도는 높은 편은 아닌데 오르막 경사가 꽤 있는 편이다. 피니스테라로 가는 안내 지도가 해발 고도 위주로 표시되어 있는 게 이해가 간다. 계속 이어지는 유칼립투스 숲은 상쾌함을 더해 주고 지나는 마을마다, 집집마다 부유함과 여유로움이 엿보인다. 경사지에 집을 지으면서도 자연과 조화롭게, 자연 그대로의 경사를 이용해 집을 짓고 사는 모습이 인상적이다. 산을 깎아서 축대를 높이 쌓고 자기 집의 전경을 최대한 확보하려는 우리네 풍토와는 사뭇 다르다.

　산을 넘다 보니 여기 저기 알밤들이 떨어져 있다. 한 움큼 주워 까먹으며 걸으니 요기도 되고 힘든 줄도 모르겠다. 가을이 되면 집 뒤란에 떨어지는 알밤을 모아 구워 먹기도 하고 삶아 먹기도 했는데, 아내가 잘 주워 모으고 있겠지?

　마을 주변에 있는 물과 숲이 잘 어우러져서 아름답기로 유명한 폰테마세이라(Pontemaceira) 마을을 지나 네그레이라(Negreira)에서 묵기로 하고 사설 알베르게에 자리 잡았다. 21km의 적당한 거리를 걸은데다가 마침 2층 침대가 비어 있어 편히 잘 수 있겠다.

감사가 불러오는 평강

10월 10일(목) · 32일차 _ 맑음

오늘 나는 카미노 순례에서 비로소 여유를 되찾은 기분이다. 요 며칠새 어느 정도 마음의 평강을 회복한 건 사실이지만 반쪽짜리에 불과했

아름다운 폰테마세이라 마을

다. 800km 순례길을 완주했다는 데서 오는 충만감도 여유로움을 맛보는 하나의 요인이지만, 지금까지 하나님이 카미노 순례를 허락하시고 함께 하시고 인도해 주신다는 확신에 따른 감사한 마음이 드는 데서 연유하는 것이리라. 지금 내가 누리는 평강, 하나님의 은혜와 사랑에 대한 감사에서 샘솟는 것이다.

오전 7시가 채 안 되어서 알베르게를 나왔다. 곧 바로 이어지는 산길, 아직 캄캄하다. 숲 속으로 난 길이라서 미명은 힘을 쓰지 못한다. 다른 순례자들이 비추는 불빛이 몇 개 보이더니 이내 사라졌다. 나 혼자 꼬불꼬불 난 길을 걷게 되었다. 혹시 노란 화살표를 놓칠세라 눈을 크게 뜨고 램프로 여기저기 비추며 언덕길을 오르니 숨이 차 왔다. 앞서가던 사람들은 얼마나 가버렸는지 기척도 없다. 뒤에서 따라오는 순례자도 보이지 않았다. 캄캄한 이 세상에 홀로 선 것 같았다. 내 입에서 "주님!" 소리가 저절로 나왔다.

날이 샜다. 3시간이나 산길을 걸었다. 겨우 집 몇 채가 보이더니 작은 바가 나타났다. "카페 콘 레체 우노!(카페라테 한 잔)" 하고 커피를 주문해 마셨다. 역시 부드러운 우유를 섞은 따뜻한 커피 한 잔에 잔뜩 긴장했던 몸이 풀리는 것을 느낄 수 있다.

벼랑 끝에 서 있는
나무는 외롭지 않다

피니스테라로 가는 새벽 길의 유칼립투스 숲과 구름

다시 길을 나선다. 이런저런 감사한 일들이 자꾸 생각났다. 카미노를 걸을 수 있도록 허락해 주시고 인도해 주신 것에 대한 감사, 한 달 이상을 몸 한 번 상하지 않고 산티아고까지 완주하고 또 이렇게 피니스테레까지 걷도록 인도해 주신 것에 대한 감사, 카미노에서 올린 기도와 간구를 들으시고 응답해 주신 것에 대한 감사 등 등 내 생활 주변에서 일어나는 모든 일들이 감사의 조건이 되어 입술로 고백되었다. 감사는 역시 마음의 기쁨과 평강을 한없이 불러일으킨다. 그 어느 때보다 내 카미노 송인 "주기도 송"이 힘차게 나왔다. 막힘이 없었다. 마지막 아멘 소리에도 감사한 마음이 진정으로 실렸다.

다만 한 가지가 마음에 걸렸다. 지난밤 꿈속에서 4년 전에 돌아가신 어머니 얼굴을 뵌 것이다. 왜 이때에 어머니 얼굴이 생생하게 나타났을까. 옛날에 살던 고향 집에 들렀는데 혼자 계시던 어머니가 나를 보시더니 "이젠 눈이 안 보인다. 눈이 안 보이니 대소변도 못 가리겠다."고 하신다. 그 말씀을 듣고 너무 마음이 아파서 한참을 울었다. 울다가 잠에서 깨니 꿈이었다.

어머니는 생전에 고생을 많이 하셨지만, 평소 그런 내색을 별로 안 하신 분이셨다. 내가 세 살 때 아버지를 여의었으니 어머니 혼자서 6남매를 건사하시느라 고생이 얼마나 많으셨을까. 그런데도 그 어려운 처지를 누구에게도 얘기하지 않던 어머니, 자식들에게 험한 욕설 한 번 입에 담지 않으신 어머니였다. 나는 군대생활 한답시고 그런 어머니께 효도 한 번 제대로 한 적 없이 보내고 말았다. 그게 늘 마음에 걸리곤 했는데, 카미노를 정리하는 이때 어머니 잘못 모신 걸 깨닫고 회개하라는 뜻인가. "어머니 죄송합니다. 천국 하나님 품에서 편히 쉬세요."

내가 일본 사람처럼 보이나?

올베이로아(Olveiroa)를 향해서 걷고 있는데 반대 방향에서 오는 사람들이 꽤 있었다. 이미 피니스테라까지 갔다가 다시 걸어오는 순례자들이었다. 오늘 그런 사람들을 만난 게 10여 명이나 된다. 그 중에 한 사람이 나를 보더니 웃는 낯으로 도쿄에서 왔느냐고 물었다. "한국 사람"이라고 대답하는데, 속으로는 부아가 치밀었다. 그러면서 순간 "내가 서양 사람들을 보고 어느 나라 사람인지 구별하기 어렵듯이 저 사람들도 마찬가지겠지? 한국인, 일본인, 중국인 아마 구별 못할 거야." 하는 생각이 들었다. 아주 짧은 시간이지만 그런 마음이 드니 그 사람에게 "부엔 카미노" 하고 힘차게 외쳐 줄 수 있었다.

모든 게 끝났습니다

10월 11일(금) · 33일차 _ 맑음

이제 끝냈다. 생장 피드포르 – 산티아고 800km에 이어 산티아고 – 피니스테라 89km까지 걷기를 끝냈다. 마지막 날 오전 8시에 알베르게를 출발, 오후 2시 40분 이제 걸어서는 더 갈 수 없는 이곳 피니스테라 해안 벼랑 끝에 서 있다. 바람에 몸이 바다 쪽으로 날라 갈 듯하다. 바다는 나를 빨아들일 것 같은 기세다.

900여 km의 긴 여정을 끝냈다. 그러나 내 발걸음만 여기서 멈추는 것이 아니라 딸과 시후의 병도 낫기를 원한다. 그로 인한 고난도 이제는 끝나기를 간절히 소망한다. 하나님은 이로써 모든 것을 끝내 주실 것을 나는 믿는다. 그리스도 예수 안에서 참 평강과 기쁨을 허락해 주실 것을 굳게 믿는다.

"하나님이 실로 들으셨음이여. 내 기도 소리에 귀를 기울이셨도다. 하나님을 찬송하리로다. 그가 내 기도를 물리치지 아니하시고 그의 인자하심을 내게서 거두지도 아니하셨도다(시 66:19~20)."

"하나님! 감사합니다. 나의 부르짖는 기도와 간구에 응답해 주신 줄로 믿고 감사와 찬양과 영광을 올립니다."

친절한 스페인 사람들

피니스테라를 행하던 중 쎄(Cee)라는 해안 도시를 통과하면서 겪은 일이다. 좁은 골목길을 가다가 노란 화살표가 잘 보이지 않아 70살 가까이 보이는 어느 아저씨에게 길을 물으니 피니스테라까지 가는 길을 자세히 알려 주면서 12km만 가면 된다고 한다. 마침 점심때가 다 되어서 과일로 점심을 대신하려고 길가에 있는 작은 과일 가게엘 들러 바나나 두 개를 샀다. 가격은 94센트. 동전을 찾아 돈을 지불하니 과일 가게 주인아저씨가 내게 피니스테라까지 가느냐고 물었다. 그렇다고 하니 사과 2개와 귤 4개를 더 집어 주었다. 괜찮다고 사양을 하는데도 굳이 바나나 봉지에 넣어 주었다. 고맙다고 하면서 기념사진을 찍자고 하니 기꺼이 응해 준다. 사진을 보여 주니까 기분 좋다고 하면서 이번에는 커다란 청포도 한 송이를 비닐봉지에 담아 주는 것이다. 겨우 1유로 어치 샀을 뿐인데 이처럼 덤이 많다니…….

스페인 사람들은 어딜 가도 친절하다. 카미노에서는 만나는 사람마다 서로 눈을 마주치면서 "올라", "부엔 카미노"를 주고받는다. 순례자들은 오래 걸으면서 아무리 힘들어도 인사를 나누는 순간에는 얼굴을 펴고 인사를 나눈다. 또 순례자가 아니라도 그냥 지나치지 않고 늘 미소를 지으면서 이렇게 인사를 건네 준다. 바나 레스토랑, 슈퍼마켓에서 만나는 사람들도 친절하고 또 정확한 게 매우 인상적이다. 성당이나 수녀회, 수도회 등에서 운영하는 알베르게의 자원봉사자들을 비롯

한 종사자들은 순례자들을 성심성의껏 안내해 주고 도와주는 데 비해서 공립 알베르게 종사자들은 대체적으로 형식적이고 어쩌지 못해 하는 일처럼 해서 눈에 거슬리곤 했다.

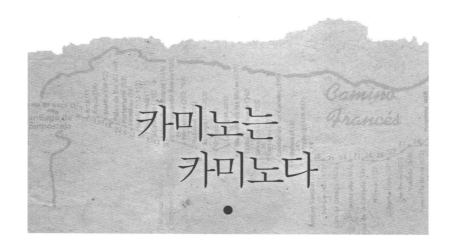

카미노는
카미노다

현실 세계에서 볼 때 그 길은 차라리 악몽이라 해도 과언이 아니다. 모든 게 우리가 평소 꿈꾸어 온 이상과는 너무도 동떨어진 또 하나의 세계이다. 너무 느리다. 타임머신을 타고 100년 전, 500년 전으로 거슬러 올라가는 느낌이다. 과거로 회귀한 듯한 착각이 들 정도이다. 그리고 고통스럽다. 매일 그 먼 길을 돌고 돌아 걷고 또 걷고, 걷기 위해 먹고 자고 입는 것 그 모든 것들이 비문명이고, 원시적이다.

그런데⋯⋯. 나는 거기에서 이 세상에서 누리지 못했던 평안을 느끼고 영혼의 자유까지 만끽할 수 있었다. 길에서 느껴야 했던 잔인함에서 오는 고통 속에서도 행복했다. 어떻게 그럴 수 있을까? 거기에는 문명의 이기에 찌든 몸과 마음을 씻어 주고, 잃어버린 영혼을 되찾아 주는 그 뭔가가 있었다.

벼랑 끝에 서 있는
나무는 외롭지 않다

'그 뭔가'는 카미노를 걷는 사람들마다 다를 수 있다. 카미노엔 옳고 그름이 없다. 다름이 있을 뿐이고, 서로 다름에 대한 인정과 배려가 있을 뿐이다. 누가 도와주지 않으면 살 수 없는 세상에서 살다가 모든 걸 스스로 판단하고 결정하고 행동해야 하는 거기에서, 남에게 의존하지 않고 스스로 해내야 하는 거기에서 참 자유와 평안과 기쁨을 누린다. 이율배반적이다.

따지고 보면 우리가 살아 가는 가운데 우리를 제약하고 구속하는 것이 얼마나 많은가. 합법 또는 합리라는 미명 하에 우리의 자유를 구속하고 영혼을 찌들게 한다. 무엇엔가 스스로 구속되어 있어야 오히려 자유스런 것처럼 착각하기도 하고, 영혼을 팔면서도 자기 영혼을 지키기 위해서 어쩔 수 없었노라고 변명하기도 한다. 카미노는 그런 구속이 없다. 그 누구도 자기 영혼을 버리라고 강요하지도 않는다. 오히려 무한의 자유를 누릴 수 있고, 잃어가던 영혼을 되찾을 수 있다. 카미노를 걷는 사람들은 그래서 이 세상에서 맛보지 못하고 누리지 못한 것을 아주 짧은 기간이지만 거기에서 만끽한다. 나 역시 그랬다. 그러나 언제까지나 카미노에 머물 수는 없다. 잠시 있다가 다시 현실로 돌아가야 한다. 카미노에서 누린 자유와 평강, 영혼의 기쁨을 현실 세계에서도 얻거나 누릴 수 있다고 착각해서는 안 된다. 카미노는 카미노다. 다만 거기서 누린 평강과 영혼의 자유에 힘입어 현실에서 이루고자 하는 꿈을 실현해 나가도록 노력하면 될 것이다.

벼랑 끝에 서 있는
나무는 외롭지 않다

일차별 걸은 구간 및 거리

일차	날짜	걸은 구간	거리(km)	비고
1	9. 9	생장피드포르 – 론세스바예스	25.1	피레네 산맥 통과
2	10	론세스바예스 – 라라소아냐	27.4	
3	11	라라소아냐 – 시수르 메노르	21.0	팜플로나 통과
4	12	시수르 메노르 – 푸엔테 라이나	19.0	
5	13	푸엔테 라이나 – 에스테야	22.0	시후 중환자실 입원
6	14	에스테야 – 로스 아크로스	21.1	포도밭 / 밀밭
7	15	로스 아크로스 – 로그로뇨	28.1	〃
8	16	로그로뇨 – 나헤라	29.4	시후 퇴원
9	17	나헤라 – 산토 도밍고	21.0	※214.1km
10	18	산토 도밍고 – 벨더라도	23.9	해바라기밭
11	19	벨도라도 – 아헤스	27.7	〃
12	20	아헤스 – 부르고스	22.0	※287.7km
13	21	부르고스 – 온타나스	30.8	
14	22	온타나스 – 프로미스타	36.0	메세타
15	23	프로미스타 – 칼사디야	38.0	〃
16	24	칼사디야 – 사아군	22.4	〃
17	25	사아군 – 만시야	38.3	〃
18	26	만시야 – 레온	18.6	※471.8km, 추석
19	27	레온 – 비야르	23.1	
20	28	비야르 – 아스트로가	30.1	왼쪽 무릎 근육통
21	29	아스트로가 – 폰세바돈	27.2	
22	30	폰세바돈 – 폰페라다	29.0	푼토봉(1,515km) 통과 / 포도밭
23	10. 1	폰페라다 – 비야브랑카	24.5	〃
24	2	비야브랑카 – 라구나	28.0	
25	3	라구나 – 트리아카스텔라	23.2	오세이브로 통과
26	4	트리아카스텔라 – 사리아	25.0	※681.9km
27	5	사리아 – 팔라스 데 레이	47.8	포르토마린 통과
28	6	팔라스 데 레이 – 리바디소	27.6	
29	7	리바디소 – 산 마르코스	37.7	
30	8	산 마르코스 – 산티아고 데 콤포스텔라	4.6	※799.6km
31	9	산티아고 데 콤포스텔라 – 네그레이라	22.5	
32	10	네그레이라 – 로고소	36.4	올베이로아 통과
33	11	로고소 – 피니스테라	32.0	산티아고에서 90.9km
			890.5	

타는 가슴으로
쓴 아내의 글들

사람은 울고 싶을 때 울어야 한다.
투병 중인 시후 앞에서
시후를 돌보고 있는 딸 앞에서 나는 울 수 없었다.
그런 나는 카미노 순례길에서 마냥 울었다.

산티아고를 거쳐 피니스테라 벼랑 끝에 서기까지
인생을 살아오면서 잘못한 것이 생각나서 울었고,
그때 그 시절이 후회되어 울었고,
안타까워서 울었다.
무엇보다 시후와 딸을 위해서
하나님께 울부짖었다.

내가 카미노를 걸으며 울고 있던 그때에
나보다 더 타는 가슴으로 시후를 보며 쓴
아내 김정순의 글 가운데 일부를 뽑아서
여기에 싣는다.

November.

Fri.-1- Off to continue early
this A.M. Past many English
along the road. Greeted with
"You can't catch the bloody
buggers". The — l we can't.
Sat. 2- Up early this A.M. & had
- small rest & cleaned up
a bit. Issue of Red Cross
choc. Left at ? P.M. to continue
Camped at ?.00 Guard at Kitch.
Sun. 3- Packed up in dark at
2:00 A.M. Hiked several hours
then rested on road for
1½ hours. Over wrecked
bridge, pack on one arm.
Ready to cross Sagli. "Dad"
came to our rescue. Kitchen
left behind yesterday.
17½ hrs. continuous

남편이 산티아고 순례길을 떠났다

김정순

우리 부부가 함께 길을 걸은 후 서로 떨어져 사십 일을 보내는 건
이번이 처음이다. 나는 남편이 그동안 마음속 깊이 쌓여 있는
응어리들을 쏟아 내기를 원했다.
야곱이 광야에서 하나님을 만났던 것처럼
남편도 그곳에서 하나님을 만날 수 있기를 바랐다.

나에게도 홀로 지낼 수 있는 사십 일이란 시간이 주어졌다.
혼자 있게 되자 시후 생각이 더 났다.
불현듯 지금 상황을 글로 써보고 싶다는 생각이 들었다.
뭔가 쏟아내면 꽉 막힌 가슴이 시원하게 뚫릴 것 같았다.
시후가 자란 뒤 이 글을 읽으면 도움이 되지 않을까
하는 생각에 일기장을 펼쳤다.

왜 기억하고 싶지 않은 아픈 이야기를 꺼내 아직 아물지도 않은
상처를 덧나게 하나 싶어 그만 두려는데
아플수록 써야 한다는 생각이 더 강하게 일었다.
나는 다시 책상에 앉았다.

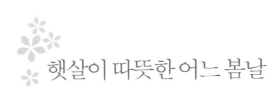

햇살이 따뜻한 어느 봄날

뜰을 바라보다가 나도 나무처럼 햇살을 받고 싶어 정원에 나갔다.

어느 틈에 나왔는지 성큼 자란 새싹이 여기저기 눈에 띄었다. 앙상한
나무에도 새순이 나와 봄을 알리고 있었다. 영하의 추위에도 아랑곳하지
않고 꿋꿋하게 자란 새싹과 새순이 경이로웠다. 잠자던 정원에는 생명이
자라고 움트는 소리로 생기가 가득했다. 봄기운을 받아서인지 내 몸에도
힘이 도는 듯하고 마음이 상쾌해 졌다.

연한 새순과 새싹이 며칠 전부터 아장아장 걷기 시작한 외손자 시후를
생각나게 했다. 서너 발자국 걷다가 넘어지면 다시 일어나 걷고 또 걷는
시후의 모습을 지켜보며 신나게 박수를 보내며 웃었던 게 엊그제다. 배가
고플 때나 잠이 오면 우는 소리를 하며 엄마에게 매달리고, 혼자서 잘 놀
다가도 엄마만 안 보이면 우는 소리를 했다. 엄마 곁에 누워 뒹굴뒹굴하
며 만족한 웃음을 짓는 모습은 세상에서 가장 아름다운 그림 중의 하나
였다. 재롱을 피우는 시후를 보며 딸과 사위는 시후를 낳지 않았으면 어
떡할 뻔 했느냐고 말하곤 했다.

자라는 모습이 눈에 보이지는 않지만 볼 때마다 자라있는 새싹처럼 시후의 모습은 하루하루가 달랐다. 지금 자라고 있는 여린 새싹 속에서 나무와 꽃을 보듯 시후가 멋진 나무로 자라 이름 그대로 넉넉하게 베풀며 사는 모습을 그려 본다.

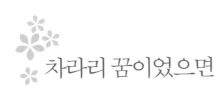

차라리 꿈이었으면

외손자 시후가 나흘 후에 있을 눈수술 사전 검사를 받았다. 언제부턴가 사시가 조금씩 보이더니 점점 증상이 심해져서 병원에 간 건데, 두 번에 걸쳐 수술을 해야 한다고 했다. 가끔 머리가 아프다고 울어서 MRI도 같이 찍었다. 예상보다 검사 시간이 오래 걸렸고, 날씨도 춥고 날도 저물어 딸네 집으로 갔다. 밤 열 시쯤 되었을까. 막 잠이 들려는데 전화 벨소리가 울렸다. 사위가 전화를 받았다.

"여보세요. 예? 병원이라고요? 뇌종양이 발견되었다고요? 크기는요? 시신경 근처라고요? 다른 병원이라니요? 네, 알았습니다."
사위가 전화를 끊자마자 딸은
"내가 무슨 잘못을 했기에 하나님은 이런 어려움을 주는거야?"
하며 울부짖는다. 자신의 살을 꼬집으면서
"꿈이지? 엄마! 이거 꿈이지?" 믿고 싶지 않아서, 아니 믿을 수가 없어서 재차 묻는 딸에게 나는 아무 말도 못하고 앉아 있었다.

멍하니 있는 나를 두고 사위와 딸은 급히 입원 준비를 한 후에 잠자는

벼랑 끝에 서 있는
나무는 외롭지 않다

시후를 깨워 병원 응급실로 향했다.

사흘 전에 세 돌이 갓 지난 어린 것에게 어찌 이런 일이 일어난단 말인가. 며칠 전에 대상포진으로 입원했던 딸은 아직도 몸이 좋지 않은 상태였다. 병원에 간지 세 시간 후쯤 시후가 수면제를 먹지 않고도 CT를 잘 찍었다는 연락이 왔다. 그리고 바로 병명이 나왔다.

"두개 인두종"으로 종양의 크기가 4~5cm나 된다고 했다. 종양이 자라면서 시신경을 눌러 사시가 나타난 것이다. 눈수술은 그날 밤에 취소되었다. 오르기 힘든 산을 만났다. 잘 넘어야 할 텐데 생각만 해도 숨이 막힌다. 혼자서는 절대 넘을 수 없는 산이다. 아직 출발도 하지 않았는데 온몸에 힘이 빠지고 떨린다.

딸이 입버릇처럼 꿈이었으면 좋겠다고, 꿈이라면 더 이상 소원이 없겠다고 말하곤 한다. 딸 아이의 바람처럼 우리는 지금 긴 꿈을 꾸고 있는지도 모른다.

.

엄마! 많이 많이 사랑해요

수술을 앞둔 시후는 더 예쁜 짓을 많이 한다. 시간만 나면 "엄마! 많이 많이 사랑해요. 아빠! 많이 많이 사랑해요. 할머니! 할아버지! 많이 많이 사랑해요."라고 노래를 부르며 다가와 웃는다. 세상에 이보다 더 아름다운 노래가 또 있을까.

시후의 재롱에 밝게 웃으면서도 속으로는 눈물이 흐른다. 딸은 이런 시후를 안고 또 안아 주며 뽀뽀 세례를 퍼부었다.

딸이 말했다.

"엄마 아빠는 시후의 완치를 위해 기도하라고 하지만 하나님이 시후에게 장애를 줄 것 같은 생각이 들어. 오히려 시후는 하나님이 특별하게 쓰실 것 같은 아이야. 첫돌이 되기 전에 어떤 의사가 뇌성마비라고 했을 때는 전혀 마음의 준비가 되지 않았었어. 교사라는 내 직업도, 삶 속에서 잠깐씩 누리는 여행이나 기쁨도 다 빼앗길 것 같아서 두려웠고 싫었어. 그런데 시후가 건강하게 정상으로 자라면서 하나님이 도와주셨다고 간증하길 원하는 사람들도 있었지만, 그건 아니라고 생각했어. 장애를 가진

벼랑 끝에 서 있는
나무는 외롭지 않다

애들이 얼마나 많이 있는데, 그럼 장애를 가진 아이는 하나님이 버린게 되잖아. 장애를 가진 사람들 가운데서도 정상인보다 더 의미 있고 멋있게 사는 이들이 많잖아. 엄마, 나 이제는 마음의 준비가 되었어. 시후가 건강한 정상인이 되기를 원하지만 그렇게 되지 않더라도 이젠 받아들일 수 있어. 감사까지는 되지 않겠지만 요즘 깨닫는 것이 많아. '감사해요 깨닫지 못했었는데'라는 찬양 가사가 요즘 마음에 많이 와 닿아."

우린 이 노래를 같이 불렀다. 그리고 딸이 한마디 더 한다.
"하나님이 나를 특별한 사람으로 인정하시고 사용하시는 것 같아."
자신을 특별한 사람이라고 말하는 딸의 말이 마음에 닿는다.

'내 딸이 그동안 많이 성숙했구나. 딸이 가는 길은 왜 이리도 힘이 들까. 울며 마음 아파했는데, 더 이상 볼 수 없다고 투정했는데, 특별하게 사용하고 계셨군요. 하나님! 특별한 딸을 주셔서 감사합니다.'

저녁때 조용해서 잠을 자나 했는데 딸이 혼자 엎드려 울며 기도하고 있었다. 사랑하는 어린 아들의 큰 수술을 바로 앞둔 어미의 마음을 어찌 알랴. 아파하는 딸의 모습과 큰 수술을 앞둔 어린 손자를 바라보며 안타까워 울었지만 나는 어디까지나 바라보는 자일 뿐이다.

'그래. 울고 싶을 땐 실컷 울어라. 큰 소리로 마음껏 울어라.'

   수술 나흘 전, 시후가 형하고 나란히 앉아 블록을 가지고 노는 모습이 보기에 참 좋다. 큰 수술을 앞두고도 우리 가족은 평안을 누리고 있다. 우리를 위해 수많은 분들이 기도해 주는 덕분이란 생각이 든다. 우리에게 믿음이 없었다면, 하나님을 모른다면 지금의 어려움을 어떻게 이겨 내고 있을까. 자주 넘어지지만 때마다 주시는 위로가 나를 이끌고 가는 걸 느낀다. 당장 내일모레는 고통스러워 울지라도 오늘은 오늘 주어진 좋은 일들로 감사하자.

벼랑 끝에 서 있는
나무는 외롭지 않다

의사는 절망을 말하지만

　내일이면 시후가 수술을 받게 된다.

　딸 부부와 남편이 시후를 데리고 먼저 병원에 갔다. 아무것도 모르는
시후는 마냥 즐거워하며 엄마 손을 잡고 집을 나섰다.

　아무도 없는 집에 혼자 남아 있었다. 일이 손에 잡히지 않는다. 딸에게
서 전화가 왔다. 내일 아침 7시에 수술하기로 했는데 한쪽 귀 위에서 다
른 쪽 귀 위까지 두개골을 절개해야 한다면서 어린 것이 어떻게 견디겠느
냐며 딸애가 울먹인다.

　밤늦게까지 병원에 있던 남편이 돌아왔다. 의사의 이야기를 들으니까
딸이 무너지겠더란다. 종양이 뇌하수체를 침범해 있고, 석회화된 부분들
을 제거하는 게 여간 힘들지가 않을거라고 하더란다. 절개한 채로 긴 시
간 동안 수술을 하게 되면서 그 부작용으로 다리에 마비가 오거나 말이
어눌할 수도 있고, 수술을 한다 해도 재발할 가능성도 높다고 했단다. 지
금까지 평안했던 마음이 무너지며 온몸의 힘이 빠진다.

하나님께 엎드려 기도하다 말고 통곡을 했다.

"우리 시후 고통스러워하는 것 어떻게 보지요. 딸이 힘들어 하는 것은 요. 하나님, 보고 계시지요. 이것은 형벌입니다."

"의사는 절망을 말하지만 하나님은 최선을 말한다."고 목사님이 문자를 보내 주셨다.
'그래, 캄캄한 암흑 속에서도 빛이신 하나님을 보자.'

벼랑 끝에 서 있는
나무는 외롭지 않다

내 인생에서 가장 길고 간절했던 하루

아침 7시 18분에 시작된 수술은 오후 4시 15분이 되어서 끝났다. 9시간 만이었다. 머리에 하얀 붕대를 감은 시후의 모습이 생각보다 예뻤다.

시후가 물을 달라고 했다. 딸기우유랑 바나나우유랑 사이다도 달라고 했다. 이겨냈구나! 수술 전처럼 의사표현을 하는 걸 보고 모두 감격했다. 시후의 모습을 보고 나와서 우리는 함께 손을 잡고 감사기도를 드렸다.

잠시 후 의사 선생님이 오더니 종양을 완전히 제거하지 못해서 재수술을 해야 하고, 시력을 상실할 것 같다고 했다. 순식간에 가슴 뭉클하게 올라오던 감사가 사라지고 숨이 콱 막혔다.

간절한 기다림이 절망으로 바뀌는 순간 머리가 하얘졌다. 내 인생에서 가장 길고 가장 간절한 하루였는데……

함께 한 날들을 기억하다니

수술 다음날이다. 머리에 하얀 붕대를 감은 시후의 얼굴이 보름달 같다. 약 부작용이었다. 열이 올랐다 내렸다를 반복하고, 발에도 주사바늘이 꽂혀 있다. 소변줄도 달려 있다. 움직이는 것도 버거워하는 시후에게 양평 집에서 딸기 따먹던 일을 물었다.

밝은 얼굴로 "딸기?" 하며 웃었다. 점박이 사냥개와 꼬꼬닭이랑 연못 물고기들 이야기를 꺼내자 다 기억해 냈다. 함께 했던 것들을 기억한다는 것이 이렇게 큰 기쁨을 줄 줄이야…….

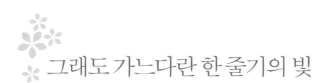

그래도 가느다란 한 줄기의 빛

시후가 수술을 받은지 3일째다. 시후가 보는 세상은 어떤 색일까?

의사는 시후가 거의 앞을 보지 못하고 있다고 했지만, 초록색, 노란색, 빨간색, 보라색을 가리키며 물어보면 곧잘 대답을 했다. TV에 나오는 동물들의 이름을 물어봐도 예전처럼 말했다.

시후의 말을 들으며 우린 한줄기 빛을 본다. 의사가 말하는 후유증이 시후에게는 일어나지 않기를, 후유증이 있더라도 하나님의 손길로 깨끗하게 치유되기를 기도한다. 내 믿음이 작아서 응답되지 않을까봐 믿음이 없는 것을 불쌍히 여겨달라며 믿음 주시기를 간구한다.

내 죄로 인해 막힌 담이 있으면 소통되지 않을까봐 알게 모르게 지은 죄들을 회개했다. 내가 지금 이 상황에서 할 수 있는 최선은 무엇일까. 바꿀 수 없는 것은 빨리 받아들이자고 몇 번이고 다짐해 보지만 가슴은 답답할 뿐이다. 일어나는 데도 시간이 필요하다는 걸 느낀다. 지금은 받아들이기 위해서, 일어서기 위해서 애쓰고 있다. 그런데 애쓰는 아픔이 눈물샘을 터트렸나 보다. 눈물이 마르지 않는다. 흘려도, 흘려도 마르지 않는다.

벼랑 끝에 서 있는
나무는 외롭지 않다

다 잊고 큰 소리로 웃자

    수술을 받은 지 일주일이 지났다. 걸으려다가도 힘들다며 주저 앉아버리던 시후가 옆 병실에 있는 또래 여자 친구와 손을 잡고 병실 주변을 걸었다. 시후가 하루가 다르게 좋아지고 있다.

    회진을 돌던 의사가 다음 주쯤 두 번째 수술 날짜를 잡자고 한다. 수술 이야기를 듣고 딸이 또다시 눈물을 훔친다. 믿음으로 낫기 위해 수술을 미루고도 싶지만 그러한 결단이 쉽지 않다.

    2월 5일로 두 번째 수술 날짜가 잡혔다. 수술을 받은 지 이십일 째 되는 날이다. 아직 회복도 다 되지 않았는데 너무 이르다는 생각이 들었지만 선택의 여지가 없다. 가슴에 큰 돌을 올려놓은 듯 숨이 막힌다. 몸도, 마음도 지쳐 쓰러질 것 같다. 기운을 내야 한다.

    '한 사람이라도 아프면 안 된다. 마음을 강하게 먹자.'

    5일 후 재수술을 위해 입원하기로 하고 퇴원을 했다. 시후가 집에 오자 생기가 돈다. 병원에서는 힘들다고 곧잘 드러눕더니 밥도 맛있게 먹고, 낮잠도 자지 않고 왔다갔다하며 제법 잘 놀고 있다.

며칠 뒤에 있을 수술을 미리 생각하며 한숨짓는 우리가 딱하다. 하루 이틀도 아니고 온전히 즐길 수 있는 날이 나흘이나 주어졌다. 다 잊고 큰 소리로 웃으며 먹고 싶은 것들도 맘껏 먹기로 마음먹었다. 주어진 하루하루를 살면 그뿐이다. 머리로는 그렇게 살자고 했지만 잘되지 않는다. 머리와 마음이 따로 움직인다. 그래서 하나님은 우리의 앞날을 감추어 주셨나 보다.

벼랑 끝에 서 있는
나무는 외롭지 않다

고난을 통과하면 복을 받을까

　재수술을 하루 앞두고 있다. 깊은 밤, 피곤한데도 잠을 이룰 수가 없다. 내 마음도 이리 아픈데 딸의 마음은 오죽할까. 내 아픈 마음 안에 딸과 시후가 있다. 어린 시후가 어른도 감당하기 힘든 수술을 또 받아야 된다는 생각이 가슴을 짓누른다. 우리의 생각과 마음을 아시는 주께서 딸의 마음에 평안 주시기를, 위로해 주시기를 간구한다. 새벽 3시 반쯤 일어나 말씀을 보았다.

　"너는 그들을 두려워 말라 너희 하나님 여호와 곧 두려운 하나님이 너희 중에 계심이라(신 7:21)." "네 조상들도 알지 못했던 만나를 광야에서 네게 먹이셨나니 이는 다 너를 낮추시며 너를 시험하사 마침내 네게 복을 주려 하심이었느니라(신 8:16)." 라는 말씀에서 힘을 얻는다.

　그래, 이 큰 고난을 통과하고 나면 내가 원하는 복이 아닌 하나님이 원하는 복을 받은 자가 되어 있을 것이다.

주님의 손길을 보다

시후가 두 번째 수술을 받기 위해 울면서 수술실로 실려갔다. 수술 시작이라는 전광판의 글자를 보며 기도에 전념했다. 수술하는 의사의 손길 위에서 주님의 손길을 본다. 어제 차 안에서 들었던 말씀을 응답으로 믿으며 그 말씀을 고백한다. "주께서 슬픔이 변하여 춤이 되게 하시고 기쁨으로 띠 띄우신다."는 말씀이었다. 오래 걸리더라도 깨끗이 제거해 주시길 원해서일까. 8시간이 길다는 생각이 들지 않았다.

중요한 혈관이 끊어져서 지혈을 하느라 애를 먹었지만, 생각보다 종양을 깨끗이 제거했다고 했다. 정말 힘든 수술이었다고 말하는 의사의 얼굴이 땀에 흠뻑 젖어 있었다.

벼랑 끝에 서 있는
나무는 외롭지 않다

점점 나락으로 빠져들다

시후가 두 번째 수술을 받은 지 사흘째, 계속 40도 고열에 시달리고 있다. 숨소리가 거칠고 많이 힘겨워 보인다. 우리를 알아 보지도 못했다. 의식도 없어 보이는데 손으로 뭔가를 잡아당겨서 간호사가 손마저 붕대로 묶어 놓았다. 묶인 손이 답답한 듯 자꾸 움직인다. 폐렴균이 양성 반응으로 나왔다고 했다. 결국엔 30분 면회시간을 채우지 못하고 면회실을 나오는데 마음이 마음이 아니었다.

딸애랑 대기실에 있는 긴 의자에 누워 잠깐 눈을 붙여 보지만 잠이 오지 않는다. 기도해야 될 때라는 생각이 드는데 기도를 할 수가 없다. 수술 전 시후와 손을 잡고 병실 주변을 걷던 일이 떠오른다.

혼자 걷는 길이 아닌

　수술 후 5일이 지났는데도 시후는 전혀 의식이 없다. 몸을 흔들어 보고 다리를 꼬집어도 아무런 반응이 없다. 많이 부은 얼굴에 호스까지 삽입해 놓아서 다른 사람 같다. 아무리 이름을 불러도 대답이 없는 시후를 보고 딸이 주저앉아 흐느낀다.

　설날인 오늘 우리의 고통과는 상관하지 않고 세상은 여전히 움직이고 있었다. 오전에 시후를 보러 갔던 딸이 머리가 아파서 저녁 면회 때는 못 갈 것 같단다. 눈앞이 캄캄했다. 나도 쓰러질 것 같았다. 하지만 어떻게든 일어나야 했다. 울부짖으며 마음으로 하나님을 불렀다.
　'주님! 힘들어요. 딸애까지 아프면 어떻게 하라고요? 이제는 더 이상 감당할 수가 없어요. 도와주세요. 불쌍히 여겨 주세요.'

　저녁 면회시간, 못 오겠다던 딸이 사위와 함께 왔다. 시후가 조금씩 반응을 보였다. 이름을 부르자 눈을 뜨진 못했지만 미세한 움직임을 보였다. 계속 손과 발을 주물러 주며 사랑한다는 말을 해 주었다. 그 미세한 움직임이 어둠 속에 있던 우리에게 빛이 되었다. 딸은 아픈 머리가 한결

192　　벼랑 끝에 서 있는
　　　　나무는 외롭지 않다

나아졌다면서 시후를 보니 다시 힘이 난다고 했다. 딸의 말을 들으며 도와주시는 하나님의 손길을 느꼈다. 몸도, 마음도 기진해서 더 이상 일어나지 못할 때면 기적처럼 도와주셨다. 혼자 가는 길이 아니었다. 눈에 보이지는 않지만 그분이 우리와 같이 가고 있다는 생각에 힘이 났다.

아무리 힘을 내려고 해도

　수술 7일째 오전, 시후가 조금씩 좋아지고 있다. 아직 이름을 불러도 대답은 없지만, 손과 발을 간지럽게 하면 곧잘 움직였다. 아침에 봤을 때보다 밤에 더 움직임이 좋았다. 우리 모두 힘을 얻는다. 명절 끝이라 차가 밀릴까봐 집에 가지 않고, 근처 찜질방에서 저녁 면회시간을 기다렸다.

　얼마나 좋아졌을까 가슴을 졸이며 시후를 보러 갔다. 목에 삽입했던 호흡기를 떼었다. 얼굴이 좋아 보였다. 헌데 눈을 떴는데도 초점을 맞추지 못했다. 손가락으로 발바닥에 간지럼을 태워도 움직임이 없다. 마구 흔들며 이름을 불러도 대답이 없다. 초점 없는 눈이 더 무서웠다. '무의식 상태에서 계속 깨어나지 못하면 어떻게 하지?' 순간 방정맞은 생각이 머리를 스치고 지나갔다. 우린 모두 할 말을 잃고 면회실을 나왔다. 아무리 힘을 내려고 해도 힘이 빠졌다. 집에 가는 차 안엔 긴 침묵만이 흘렀다.

　'하나님! 이젠 더 이상 견딜 수가 없어요. 불쌍히 여겨 주세요. 불쌍히 여겨 주세요.'

　내가 할 수 있는 것은 불쌍히 여겨 달라는 그 한마디 밖에 없었다. 시후가 좋아지는 걸 생일선물을 받고 싶다던 남편의 풀 죽은 모습을 보니 가슴이 더 미어졌다.

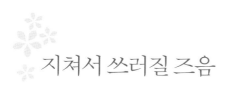

지쳐서 쓰러질 즈음

　다시 새날이 왔다. 몸과 마음이 다 힘들 텐데도 딸과 사위는 여느 때와 같이 밝은 모습으로 아침을 먹었다. 고마웠다. 억지로라도 밝은 표정을 하는 게 서로에게 힘이 된다. 감정도 전염이 된다. 그동안 잘 왔으니 앞으로도 잘 이기자.

　사위와 딸은 각자 일터로 가고 나는 남편과 함께 시후에게 갔다. 면회를 갈 때마다 얼마나 좋아졌을까 하는 기대로 설레곤 했는데 이젠 담담해진다. 시후가 간호사 스마트폰으로 만화를 보며 비스듬히 앉아 있었다. 믿어지지가 않았다. 아이스크림을 먹고, 아침밥도 많이 먹었단다. 전처럼 할머니, 할아버지를 부르지는 않았지만 어느 정도 의사표현을 했다. 목소리가 작지만 묻는 말에도 가끔씩 대답을 했다. 누가 먼저랄 것도 없이 우린 울먹이며 하나님께 감사기도를 드렸다.

　'우리를 불쌍히 여겨 주셨다. 우리를 불쌍히 여겨 주셨다.'라는 고백이 마음 깊은 곳에서 저절로 흘러나왔다. 우리가 얼마나 연약한 존재인가를, 하나님의 도움이 없이는 한 순간도 살 수 없는 자라는 것을 절감했다.

시후가 재수술을 한지 8일 만에 의식을 차린 것이다. 그렇게 긴 날도 아닌데 몇 년이나 된 듯 모두가 다 지쳐 있었다. 오늘은 모처럼 온 식구가 편히 쉴 수 있을 것 같다.

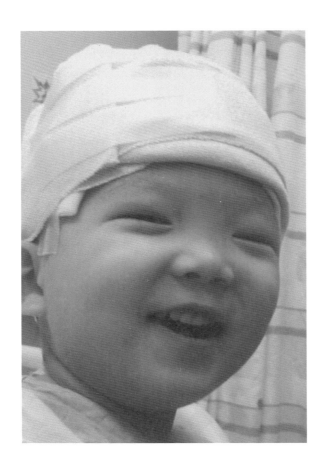

벼랑 끝에 서 있는
나무는 외롭지 않다

시후의 울음

    딸이 학년을 마치는 날이다. 시후와 더 많은 시간을 보낼 수 있게 되었다고 좋아했는데, 시후는 엄마를 봐도 별 관심이 없다. 그래도 시후의 목소리를 들을 수 있고, 우리가 누구인지를 알아봐서 기뻤다.

    수술 후 14일 만에 시후가 일반 병실로 옮겨졌다. 혼자서는 똑바로 앉지를 못하고 자꾸만 쓰러졌다. 고열이 잡힌 줄 알았는데 39도까지 오르내리고, 소변도 조절이 되지 않았다. 채혈 공포증에 걸린 걸까. 처음에는 웃으며 손을 내밀던 녀석이 혈압을 재거나 체온을 잴 때도 온몸을 써가며 큰 소리로 울어 댔다. 새벽 5시에 채혈을 할 때는 처치실로 쫓겨 났다. 처음엔 떼쓰는 것도 예쁘고, 우는 것도 고맙기만 하더니 점점 감당하기가 힘들다.

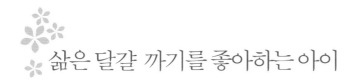

삶은 달걀 까기를 좋아하는 아이

시후가 두 번째 수술을 받은지도 20일이 지났다. 이제 눈을 마주치면 웃는다. 한 손을 놓으면 균형을 잃고 비틀거리지만 양쪽에서 손을 잡아 주면 곧잘 걷는다. 시후가 좋아하는 것 중의 하나는 삶은 달걀을 까는 것이다. 울다가도 달걀을 주면 금세 멈추고 껍데기를 깠다. 주사바늘이 꽂힌 한 손에 간신히 달걀을 들고 다른 한 손으로 껍데기를 하나하나 떼어냈다. 시선을 집중해 껍데기에 붙어 있는 속껍질까지 벗겨냈다. 지나가던 사람들도 그 모습을 보고 웃었다. 삶은 달걀 까는 걸 좋아한다는 소문이 났는지 옆 병실 사람들도 삶은 달걀이 있으면 주고 가기도 했다. 고구마 껍질도 잘 깠다. 시후의 섬세한 손놀림과 집중력이 어떻게 쓰일까 기대가 된다.

벼랑 끝에 서 있는
나무는 외롭지 않다

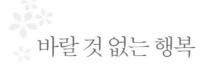

바랄 것 없는 행복

　두 번째 수술을 받은지 한 달 만에 시후가 집으로 돌아왔다. 해결되지 않은 많은 문제를 안고 왔지만 감사했다. 우리 식구가 집에 모여서 먹고, 자고, 노는 그런 날이 오면 더 이상 바랄 게 없이 행복할 거 같다고 하던 딸의 말이 생각난다.

시후가 웃으면 우리도 웃고
시후가 울면 우리도 운다

시후가 머리가 아프다고 울어서 급히 응급실을 찾았다. 순환이 되어야 하는데 뇌실에 물이 고여 있단다. 아!! 하루가 다르게 좋아지고 있어 기뻐했는데…….

시후가 잠에서 깨어나지를 않는다. CT를 찍고 뇌파검사를 해도 모른다. 몸을 흔들어 보고 발바닥에 간지럼을 태워보지만 미동도 하지 않는다. 토요일엔 수술이 없는 날인데, 8시에 션트 수술을 하기로 했다. 뇌 내실에 고인 물을 강제로 순환시키는 기계를 삽입하는 수술이라 했다. 재수술을 한지 얼마 되지 않았는데, 생각지도 않았던 수술이다. 평생 달고 살 수도 있고 잘하면 중간에 떼어낼 수도 있다고 한다.

딸애가 자주 눈물을 보이며 한숨을 쉰다. 때와 장소를 가리지 않고 시도 때도 없이 눈물이 나온단다. 나도 울고 싶었다. 누구도 의식하지 않고 큰 소리로 목 놓아 울고 싶었다. 어디 그런 울음터가 없을까.

벼랑 끝에 서 있는
나무는 외롭지 않다

연이어 대수술을 받았는데 또 수술을 받아야 한다. 시후는 잘 싸우고 있는데, 우리가 일어설 수가 없다. 어렵게, 정말 어렵게 산을 넘고 넘었는데, 또 하나의 산이 앞을 가로막는다. 아직 몸을 추스르지도 않았는데, 어떻게 가야 하나 앞이 캄캄했다. 빛인 그분은 어디에 계시는지……

수술을 하는데 2시간이 걸렸다. 30분 후 회복실에 들어가 보니 시후가 양손에 초코파이 두 개를 들고 누워서 밝게 웃고 있다. 간호사 선생님이 주었단다. 시후의 웃는 얼굴을 보고 우리도 웃었다. 티 없이 밝고 예쁜 우리 시후, 시후가 웃으면 우리도 웃고, 시후가 울면 우리도 운다.

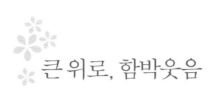

큰 위로, 함박웃음

세 번째 수술을 받은지 일주일이 지났다. 시후가 최고의 환자라며 오늘도 세 번이나 와서 시후의 상태를 살펴보는 소아과 젊은 여자 의사, 시후가 보고 싶어서 자주 오게 된다며 손을 잡고 지하 매점까지 가주셨다. 지친 우리에게 큰 위로가 되었다.

큰 소리로 웃는 형 시원이를 보고 예쁘다고 칭찬하니까 옆에서 듣고 있던 시후가 형을 따라 소리를 내 웃었다. 경쟁을 하며 웃는 아이들을 보며 온 가족이 함께 웃었다. 시후가 다른 날보다 컨디션이 더 좋았다. 밤엔 왔다갔다 뛰어 다니기도 했다. 조금 빠르게 걷는 것을 우리는 뛴다고 말한다. 한 번 더 갔다 오라고 손뼉을 쳐 주자 신이 나서 기우뚱거리며 달려갔다 온다. 가슴이 촉촉이 젖어온다.

벼랑 끝에 서 있는
나무는 외롭지 않다

수선화가 피던 봄날

　잘 놀던 시후가 몸을 한쪽으로 기우뚱하고 걸었다. 앉아서 일어나려다가 일어나질 못했다. 불안이 엄습해 왔다. 안 되겠다 싶어서 급하게 응급실을 찾았다. 션트가 작동을 하지 않아서 뇌실에 물이 차 있다고 했다.

　다시 수술을 해야 한다는 말에 우린 또 무너진다. 션트 수술 22일만이었다. 초조해 한다고, 슬퍼한다고, 아파한다고, 눈물을 흘린다고 달라질 것이 없는데도 이 감정에서 벗어날 수가 없었다. 의사가 수술을 했지만, 성령님이 하신 수술이라고 한 치의 의심도 없이 믿었었다.

　하나님도 실수를 하시나. 그토록 간절히 기도했던 나의 기도는 허공을 맴돌다 사라져 버린걸까. 밤낮 시후를 위해 기도해 주신 분들의 중보기도는 어떻게 된 거지?

　네 번이나 수술을 받게 하다니. 하나님도 너무하신다고, 이 모든 것의 원인을 그분께 돌렸다.

지난번 션트 수술을 했던 반대편에 기계를 넣는다고 한다.

"시후야! 힘내라. 무너지고 망가져 가는 너의 모습을 바라보는 게 많이 힘들구나. 네가 좋아진다면 할미의 하나밖에 없는 생명이라도 주고 싶은데, 네 게 아무것도 해 줄 수가 없어 하늘만 바라본단다. 너의 예쁘던 모습도 사라지고, 총명하던 머리도 왔다갔다 하고, 어떤 때는 엄마, 아빠와 할미도 잘 몰라보는구나."

"하나님! 우리가 얼마나 연약한지를 잘 알잖아요. 살기 위해 잘 감당하기 위해 몸부림치는 우리를 보고 계시잖아요. 이젠 모두가 지쳤어요. 도와주세요."

지난번엔 2시간 걸렸던 수술이 3시간 반이 걸렸다. 뭐가 잘못된 건 아닌지 뼈가 녹아내리는 시간이었다. 깨어난 시후가 집에 가자고, 아프다고, 눈도 뜨지 않고 울기만 했다. 세 번째 수술을 했을 때만 해도 눈을 뜨고 우리들을 알아봤었는데.

"그래 얼마나 힘이 드니? 그동안 잘 견뎌준 시후야, 이번에도 넌 잘 이겨낼 수 있을 거야."

그날 큰아이를 데리고 양평집에 왔다. 햇살이 눈부셨다. 집 정원에는 수선화가 피기 시작했다. 튤립, 할미꽃, 무스카리도 꽃망울을 터트렸다. 꽃잔디도, 개나리와 진달래도 한창이었다. 아무리 화창하고 아름다운 날도 그분이 허락하지 않으면 누릴 수 없다. 꽃이 피고 날씨가 화창해서 더 슬픈 날이었다.

차라리 저를 때리세요

"하나님은 실수하지 않으십니다. 당신은 실수로 태어난 것이 아닙니다."

라고 목사님을 통해 말씀하셨던 하나님!

어린 시후가 무슨 잘못이 있나요?

아버지는 다 할 수 있잖아요.

차라리 저를 때리세요. 믿음이 뿌리째 흔들립니다.

우리가 믿음이 없어 당신을 원망하며 떠나지 않게 도와주세요.

해서는 안 될 기도가 나옵니다. 건강한 사람도 살기 힘든 세상입니다.

시후가 수술을 반복해야 하는 고통스런 삶을 계속 살아야 한다면 차라리 일찍 데려가소서. 사랑하는 어린 것이 괴로워하는 것을 볼 수가 없습니다. 오, 아버지 용서하소서. 한 번 수술로 끝날 줄 알았습니다.

두 번 수술을 할 때도 많이 힘들었지만, 그걸로 끝인 줄 알았습니다. 세 번째 수술을 해야 할 때는 많이 절망했습니다. 그러나 이때만 해도 절망 속에서 한 줄기 빛을 보았습니다. 그런데 이번에 또 수술을 하게 되니 희미하게 보이던 빛도 사라졌습니다. 길이 보이지 않습니다. 일어날 수가 없

어요. 감당할 수가 없어요. 우리의 기도를 듣고 계시나요. 우리의 모습을
보고 있나요. 뭐라고 말씀 좀 해 보세요.

시편의 말씀이 와 닿습니다. 우리의 연수가 칠십이요 강건하면 팔십이
라도 그 연수의 자랑은 수고와 슬픔뿐이라는 말씀 말입니다. 오래 살았
습니다. 살만큼 살았습니다. 아버지께로 가고 싶습니다. 견딜 수가 없어요.

하나님께 계속 내 마음속의 말을 쏟아냈다. 시후를 위해 지금 내가 할
수 있는 최선은 기도뿐이다. 기도의 끈을 놓아서는 안 된다.

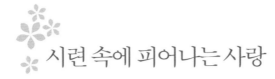

시련 속에 피어나는 사랑

수술 하루 만에 시후가 중환자실에서 일반 병실로 왔다. 종일 먹지를 않았다. 많이 힘든지 자주 우는소리를 하고 밤새 뒤척였다. 어디가 어떻게 얼마나 아픈지 말을 할 줄 알면 조금이라도 더 잘 이해할 수 있으련만 소통이 되지 않아 안타깝다.

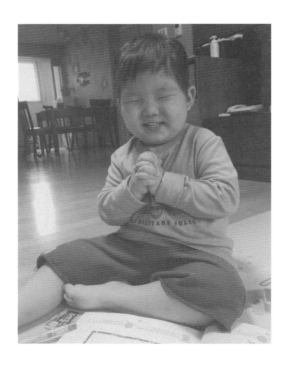

벼랑 끝에 서 있는
나무는 외롭지 않다

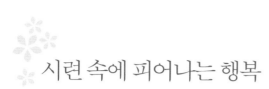

시련 속에 피어나는 행복

네 번째 수술을 받고 일주일이 되어간다. 시후가 퍼즐을 하다가 나와 눈이 마주치자 밝게 웃었다. 그때 피검사를 하려고 간호사가 왔다. "그만 해, 하지 마, 할머니."라고 도움을 청하며 주사바늘을 꽂으려는 손과 발을 온힘을 다해 잡아 뺀다. 울며 반항할수록 더 움직이지 못하게 붙들었다. 시후의 몸이 너무 많이 부어서 주사만 놓는 전문 간호사도 실패를 하고 말았다. 채혈 때문에 하루에도 몇 번씩 전쟁을 치러야 했다. 지켜볼 때마다 피가 말랐다. 채혈이 끝나자마자 잠이 들었다. 착하고 순하던 시후가 울보가 되었다. 자다가도 무섭다고 큰 소리로 울다가 깨곤 했다. 왜 자기를 이곳에 데리고 와 계속 무섭고 아픈 주사바늘로 찔러대는지 시후는 모른다. 우리도 모른다. 왜 어린 시후가 이런 일을 겪어야 하는지를…….

간신히, 억지로 버티고 있던 힘마저 다 소진되어 쓰러질 수밖에 없을 때 내게는 오히려 새 힘이 생겨 일어날 수 있었다. 계속 극한으로 몰렸다면 아마도 일어나지 못했을 것이다. 혹독한 시련 가운데서 지켜 주는 주님의 손길을 느꼈다. 편안한 가운데 있을 때는 알 수 없었던 사랑과 감사였다. 어쩌면 참 감사와 사랑은 처절한 아픔 속에서 피어나는 꽃이 아닐까.

아직도 왜 나에게 이렇게 고통스런 길을 걷게 하는지를 이해할 수는 없다. 하지만 조금씩 깨닫는다. 이 고난이 나를 향한 그분의 사랑이었고, 딸과 시후를 보며 흘렸던 눈물의 간구도 사랑이라는 것을……. 시후와 딸을 향한 나의 사랑이 나를 향한 그분의 사랑과 서로 하나로 이어져 있다는 생각이 든다. 내 생명을 다해 사랑할 딸과 손자 시후가 있고, 힘들 때마다 도움을 구할 하나님이 계시니 그래도 난 행복하다.

희망 속에 피어나는 사랑

시후가 수술 9일 만에 집에 왔다. 날씨가 맑았다. 활짝 핀 꽃들로 거리가 밝았다. 추운 겨울을 이겨내고 핀 꽃들이기에 더 마음에 와 닿았다. 아무리 겨울이 길게 느껴져도 봄은 오고 있었다. 우리 손자 시후도 저 꽃들처럼 잘 이겨내 꽃을 피울 날이 오겠지?

할 수 있는 것이 우는 것 밖에 없기에

시후는 시도 때도 없이 큰 소리로 울었다. 울지 말고 말로 하라며 이것저것 좋아할 만한 것들을 주며 달래 보기도 하고, 어디가 아프냐고 물어봐도 울기만 했다. 하루 이틀도 아니고 거의 매일 큰 소리로 우는 시후를 돌보다 지친 딸애가 울지 말라고 무릎이라도 꿇고 빌고 싶다며 울먹였다. 잠시 같이 있는데도 귀가 먹먹했다. 어떻게 하면 시후가 울지 않고 잘 놀 수 있을까.

살기 위해 한 수술이었지만 수술 후 시후의 삶은 고통의 나날이었다. 잊을 만하면 40도가 넘는 열이 며칠씩 계속되어 가슴을 조였다. 션트가 막혀 작동을 안 한다고 입원을 하기도 하고, 나트륨 수치와 신장지수가 위험 수위로 올라가 중환자실에 입원하기도 했다. 한 번 입원 할 때마다 무슨 혈액검사가 그렇게도 많은지, 주사를 자주 맞아 혈관이 잘 보이지 않는데다 시후의 저항으로 한바탕 전쟁을 치르듯 해야 했다. 어린 것에게 할 일이 아니었다.

♣ 우리는 그 아이가 그토록 울었던 이유를 시후가 세상을 떠난 다음 날에야 알았다. 시후의 유골을 수습할 때 자석을 대자 4~5cm쯤 되는 못들이 줄줄이 따라 올라 왔다. 얼추 보아도 10개가 넘었다. 수술 후 두개골을 고정시킨 못들이었다. 고통스러워서, 아파서 우는 거였는데 우리는 시후의 아픔을 이해하지 못하고 힘들게만 느꼈다.

벼랑 끝에 서 있는
나무는 외롭지 않다

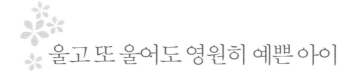

울고 또 울어도 영원히 예쁜 아이

내일이면 11월이다. 딸이 잠시라도 쉬도록 시후를 큰 손자와 함께 집에
데리고 왔다. 집에 오는 차 안에서 "정시후!" 하고 부르자 "네!" 대답하는
데 목소리가 작다고 하니까 있는 힘을 다해 "네!"라며 우리 부부에게 기
쁨을 주었다.

1시간 거리를 잠도 자지 않고 왔다. 그날은 엄마가 없어도 울지 않고 잘
지냈다. 잊을 만하면 다가가 웃었고, "예쁜아! 착한아!"라고 불러주면 밝
게 웃었다.

"할머니! 내가 왜 예뻐요?"
"왜 예쁘지?"
"안 울어서요."
"그치! 울지 않아서 정말 예쁘다."
"히히"
밝게 웃는 시후와 모처럼 즐거운 시간을 가질 수 있었다.

다음날은 내 생일이라 아들과 딸네 식구가 다 모였다. 가끔씩 울었지만 시후가 누나와 형, 동생들이랑 잘 어울려 놀았다. 저녁에 케이크에 촛불을 켰다. 5명의 아이들이 촛불 앞에 모여 들었다. 큰 녀석들이 불을 끄자 아들이 다시 촛불을 켜주며 시후에게 끄라고 기회를 주었다. 시후가 몸을 앞으로 기울여 불을 껐다. 우리들이 "와!" 하며 손뼉을 쳐주자 시후가 환하게 웃었다. 시후가 떠나기 2주 전으로 시후가 가족들과 함께한 마지막 모습이었다.

벼랑 끝에 서 있는
나무는 외롭지 않다

우리를 위해 대신 울고 간 천사를 기리며

11월도 반이 지나갔다.

시후를 '유토피아'란 곳에 두고 온 날, 우리 가족은 모두 지쳐서 일찍 잠자리에 들었다. 잠결에 울음 소리가 들렸다. 딸과 사위가 어둠 속에서 울고 있었다. 엄마의 사랑과 할머니의 사랑은 다르다. 자식은 가슴에 묻는다는 말의 의미를 이제야 좀 알 것 같다.

'울고 싶을 땐 실컷 울어라. 슬픔도, 울음도 마음을 치료해 주는 약이 될 테니까. 언젠가 때가 되면 이 슬픔과 눈물이 지금 너처럼 울고 있는 이들의 마음을 읽어 주고 위로해 줄 열매를 맺게 해 줄 거다. 아파본 자만이, 잃어본 자만이 맺을 수 있는 열매를……'

칠흑 같은 어둠 속에서 헤매고 있을 때 길을 환히 비춰 주신 많은 분들을 잊을 수 없다.

이제야 아픈 사람들이, 아픈 나무들이 더 눈에 들어온다. 몸의 눈으로 볼 때는 머리에 있던 그들의 아픔이 마음의 눈으로 보자 내 아픔이 된다.

시후가 마음의 눈을 열어 주었고, 앞으로 내가 가야 할 길을 가르쳐 주었다. 우리를 위해 대신 울고 간 아기 천사 시후는 이제 없지만, 우리 가족 가슴속에는 그리운 미소로 계속 살아 있을 것이다. 영원히…….

시후가 뿌린 씨앗들

시후야! 잘 있니? 네가 떠난 지도 꽤 지났건만 이 할아버지는 지금도 네가 우리들 곁에 있는 것 같은 착각을 할 때가 많단다. 네 엄마에게 전화를 걸면 네게 전화를 바꿔줄 것 같고, 어쩌다 너희 집엘 갈 때면 네가 뛰어 나와 "할아버지, 안녕하세요." 하고 배꼽인사를 하면서 내 품에 안길 것만 같더구나.

시후야! 너도 이 할아버지가 산티아고 순례길을 걸으며 하나님께 너를 위해서 간절히 기도 드린 걸 알고 있지? "시후의 병을 고쳐 주세요. 온전히 회복시켜 주세요. 고통을 없애 주시고, 수술로 인한 공포와 두려움에서 벗어나게 해 주세요." 하고 기도 드렸지. 그리고 "이젠 시후가 겪는 고난을 끝내 주세요. 그 끝을 보고 싶습니다."하고 부르짖으며, 울부짖으며 간구했단다. 내가 그렇게 기도 드릴 때마다 하나님께서는 "아무것도 염려하지 마라. 내가 다 책임져 줄게."하고 말씀하셨지. 나는 그때 하나님께서 너 시후를 온전히 회복시켜 주시리라는 뜻으로 받아들였단다. 이제 곧 네가 겪고 있는 고통은 사라지고 여러 가지 예후도 막아 주시리라고 기대했단다.

벼랑 끝에 서 있는
나무는 외롭지 않다

카미노 순례 기도를 마치고 귀국한 뒤 나는 네 엄마와 아빠를 비롯한 가족들에게 이런 하나님의 응답을 알리며 용기를 북돋워 주었어. 실제로 너 시후는 많이 회복되고 있었잖아. 하루 종일 울던 네 울음도 덜 했다. "엄마 무서워! 아빠 무서워! 할머니 무서워!"를 반복하던 네 입에서 무섭다는 소리가 거의 나오지 않았다. 사물에 대해 조금씩 관심을 갖기 시작하고 웃기도 하는 등 감정 표현이 살아 나는 걸 보면서 할머니 할아버지는 정말 기뻤단다. 시후야! 너도 지금 기억나니? 할머니가 네게 "예쁜아!"라고 부르면 너는 "할머니 내가 왜 예뻐요?"하고 묻곤 했지. "우리 시후가 이젠 울지 않으니까 예쁘지!"하고 할머니가 대답하면 너는 "히히" 하고 웃으면서 좋아하곤 했단다. 수술하고 나서는 아예 관심을 두지 않던 뽀로로 동영상을 다시 보여 달라고 말하기도 하고, 가끔 그림책도 꺼내 넘겨 보기도 하였다. 퍼즐도 맞추기 시작했다. 몸에는 아예 손도 못 대게 하더니 네가 먼저 발을 만져 달라면서 이 발 저 발 교대로 내밀 정도였다. 네 그런 모습을 보면서 한두 달이 지나면 더 좋아져서 다음 단계 치료를 받을 수 있겠구나 하는 희망을 갖고 있었지.

그런데 너는 밥 먹기를 싫어하고 물을 마시지 않아서 큰 걱정거리였단다. 끼니때가 되면 "나 밥 먹기 싫은데! 나 밥 먹기 싫은데!" 하는 네게 엄마나 할머니가 밥을 주면 울고불고 말이 아니었지. 네게 밥 먹이기가 전쟁이나 다름없었던 걸 너도 지금 기억하니?

그러던 네가 2013년 11월 13일 이른 아침에 "엄마 졸려." 하면서 잠들더니 슬며시 가버리고 말았다. 그때 네 엄마와 아빠, 할머니와 할아버지가 받은 충격은 뭐라 말할 수 없을 정도란다. 지금도 가슴이 뻥 뚫린 것처럼 허전하고 안타깝고 아쉽기만 하다. 형아를 어린이집에 보낼 때 엄마는 네 숨이 가빠지는 걸 알고 급히 병원 응급실로 달려갔지만, 병원에 도착했을 때는 이미 네가 숨을 제대로 쉬지 못하고 있었다고 하더라. 의사 선생님들이 40여 분 동안 심폐소생술을 하고 엄청난 약을 쏟아 부어서 겨우 겨우 숨을 쉬게 하고 혈압도 올려놓았다. 하지만 할아버지가 지방에서 급하게 올라와 병원에 도착했을 때는 혈압과 맥박이 서서히 떨어지고 있었다. 마침내 그 숫자들이 '0'을 가리키기는 했지만, 너는 그냥 잠자고 있는 천사의 모습이었다.

그동안 다섯 차례의 수술과 회복 과정을 지켜보신 하나님이 더 이상 가족들과 의사들에게만 맡겨서는 안 되겠다고 "이제부터는 내 할 일이다." 결심하신 걸까. 하나님은 우리에게 시험을 주되 감당할 만큼만 준다고 했는데, 시후 네가 당하고 있는 고통이 너무 심하고, 네가 살아가면서 감당해야 할 고난이 너무 크고도 무거울 수밖에 없다는 것을 아시고 "네 짐을 벗어 놓아라. 내가 대신 져주마." 하신 걸까.

시후야! 산티아고 가는 카미노에서 "아무것도 염려하지 마라. 내가 다 책임져 줄게." 하고 하나님이 이 할아버지에게 말씀하신 뜻은 결국 "이제는 시후를 아무런 병도 없고 고통도 없는 하늘나라로 데려다가 내가 직접 돌봐 줄 테니 너희들은 아무것도 염려하지 마라." 하신 것이었구나. 하나님이 내게 말씀하신 진정한 뜻을 네가 떠나고 나서야 깨달았으니 이 할아버지의 불민함이 부끄럽기 짝이 없다.

네가 이 땅에서 산 건 3년 10개월 보름밖에 되지 않는다. 비록 짧은 생애이지만, 너는 우리에게 참 소중한 씨앗을 뿌리고 갔다. 모든 가족이 힘든 가운데서도 서로 이해하고, 아껴 주며, 서로 힘을 북돋워 줄줄 아는 돈독한 사랑을 실천하도록 해 주었다. 이제는 남들이 아파할 때 그들의 아픔을 머리로만 아는 데 그치지 않고 가슴으로 느끼며 함께 울 수 있도록 해 주었다. 신체 장애든, 지적 장애든 장애를 갖고 있는 이들의 어려운 처지를 이해하고, 저들의 입장에서 저들이 정작 소중히 여기고 필요로 하는 것이 무엇인가를 알아서 돕고자 하는 마음을 갖도록 해 주었다. 무엇보다도 아무리 어렵고 힘든 일을 당해서도 끝까지 믿음을 잃지 않고 소망 가운데 인내하며 살아야 한다는 것을 온몸으로 보여 주었다.

시후야! 이제 네가 우리에게 뿌리고 간 사랑과 관용과 믿음의 씨앗이 싹 트고, 잘 자라서 좋은 열매, 알찬 열매를 맺게 되기를 간절히 소망한다. 꼭 그렇게 되도록 이 할아버지가 할 수 있는 일들을 찾아서 이룰 것을 약속한다. 이것이 하늘나라에 가 있는 너 시후를 위하고, 지금 이 순간 어디에선가 너처럼 고통에서 벗어나지 못하고 있을 '다른 시후'들을 위한 일이겠지?

시후야! 내 사랑하는 시후야! 고맙다. 편히 쉬어라. 우리들보다 너를 더 사랑하시는 하나님 품 안에서 평안하여라!

벼랑 끝에 서 있는
나무는 외롭지 않다

저자 소개

장 석 규 (張 錫 奎)

1954년 경기도 가평에서 출생, 춘천고등학교와 육군사관학교를 졸업하고,

연세대학교 대학원에서 한국근대사(문학 석사)를 전공하였습니다.

30여 성상을 나라를 지키는 데 일념하고 준장으로 전역, 시골에서 들꽃과 나무들을

가꾸며 자연과 더불어 새로운 삶의 지혜를 터득하면서 살아가고 있습니다.

현재 경기도 양평 소재 문호교회의 장로로 섬기고 있습니다.

♣ 이 도서의 판매 수익금은 뇌종양 어린이들을 위하여 쓰입니다.